U0076563

告別沒有自信、沒有夢想、
無法行動的自己

激勵自己的

80個
小講堂

張替 一真／著　橫井 いづみ／繪
黃嫣容／譯

給拿起這

雖然有點突然，但現在要你畫畫看「哆啦A夢」的話，
你能夠馬上畫出來嗎？

雖然是大家從小就非常熟悉、無人不知的「哆啦A夢」，
可是，如果突然要你描繪的話，卻意外地畫不出來。
不過，如果你打算要好好畫出來的話，
只要重新再看一下「哆啦A夢」的卡通，並著手努力描繪，
就能夠畫出任誰一看就知道是「哆啦A夢」的圖。

即使只是將每天固定的事情機械般地做完，
什麼事情都不太深入去思考，
還是照樣可以平穩地過每一天。

不過，如果你能夠多加留意並觀察身邊發生的事，
或是開始客觀地看待自己，
你觀看世界的方式也會因此開始改變。

來做吧！

本書的你

如果常常留意**「該如何享受自己的人生？」**
即使是相同的體驗，你獲得的收穫密度也會豐富好幾倍。
因為你對事物的吸收力、感受到的世界濃度也在逐漸改變。
這麼一來，人生這件事，
也會逐漸往有趣的方向開始改變。

本書為了讓
「沒有自信」「沒有夢想」「無法行動」「總是動搖」「無法持續」
有著這些煩惱的你能夠多少開始有所行動，
而將許多訣竅充分濃縮成這本書。
特典的章節中，也收錄了對於「工作這件事」有所疑問的提示。

如果過著什麼都不順、充滿挫折的日子，請試著看插圖的部分就好。
只要其中有1、2個讓你覺得「啊！這個的話或許可行」的部分，
請務必試著實踐看看。
新的行動，將會改變你的人生。

引導人
OS君

「OS君」的特色是腦中所想的事情都會變成文字浮現、而且任何人都看得到。

雖然本人沒有自覺，但是所想的事情不論好壞都會被看光光，所以被認為是「相當好懂的人」。本人則是對這件事稍微抱持疑問。

CONTENTS

沒有自信

沒有夢想

無法行動

總是動搖

無法持續

特典篇章

沒有自信

沒有夢想

無法行動

總是動搖

無法持續

特典篇章

15 HINTS

給沒有自信的你

能夠改變「未來」的只有「現在」

未來就在過去和現在的延長線上

【過去】　　【現在】　　【未來】

現在能夠成長到什麼程度，未來就會有很大的變化。

何謂「未來」？

　　「未來」是在「過去」和「現在」的「延長線上」產生的事物。從過去到現在的位置連成一條線，再從現在往前直線前進的地方，就是未來的位置。

　　你過去達成了什麼、達成到什麼樣的狀態、做了什麼決定、從那時候開始是如何走到現在，這些全部聚集起來，就造就出了現在的你。

你現在的程度

　　而現在你達到了哪個程度、處於什麼樣的狀況下，從這些就會引導出你的未來。你所訂定的目標、想法、每天的行動、努力，這些全部聚集起來，甚至就能決定你的未來。

覺得有點可怕嗎？

　　稍微思考一下，這也可以說是一件值得開心的事吧？

　　怎麼說呢，因為過去雖然不能改變，但是如果能讓現在所處的位置變高的話，未來所處的位置也就理所當然地能變得更高了。

那麼，下定決心吧！

　　你現在只要下定決心「要改變未來」，訂立新的目標，為了達成這個目標而改變想法、改變每天的行動，不斷地累積一些小小的努力，未來也會隨之產生變化。

要覺得「最痛苦的」是現在

人生到目前為止覺得最痛苦的事排行榜前5名

⭐1 現在

原因 | 因為現在是我最努力的時候！

2 小學時代被欺負的時候

3 最喜歡的狗狗過世了

4 考高中的時候沒有辦法進入第一志願

5 出社會時一直沒辦法決定工作

說明

這些如果是最痛苦的事，
代表你被「過去」束縛著。

現在拼命努力！

所謂「活在現在」

就是不要被過去束縛，為了光明璀璨的
未來，我們要全心全意地活出「現在」！

人生中最痛苦的事

「你人生中最痛苦的事是什麼？」被這麼問的時候，你會怎麼回答呢？

「小學的時候被朋友欺負。」

「入學考試考差了，不能去唸想唸的學校。」

「被某某人甩了，那時覺得非常痛苦呢。」

似乎會出現很多答案。

最痛苦的是「現在」

如果被問相同的問題時，能夠回答「我覺得最痛苦的是現在」就太好了。

為什麼這麼說呢？因為會覺得「現在最痛苦」，就代表「現在正是最努力的時候」。如果能夠看向更高更遠的地方，並朝那個高遠的目標努力的話，一定能夠開啟你的未來。

如果你回答「我覺得最痛苦的是某件事」，那表示其實你還沒辦法完全走出那件事。你還深陷在過去裡。

其實事物原本並沒有所謂的好壞，有的只是「曾經發生過這樣的事」這個事實罷了。

所謂「活在當下」

不因過去的光榮而自喜，也不因過去的失敗而一直沮喪不已，而是要為了光明璀璨的未來，盡全力地活在「當下」。

如果被問到「最努力的是什麼時候？」「覺得最辛苦的是什麼時候？」，不是回答過去，而是回答「就是現在！」的人，代表你是全力活在當下的人，這樣的人肯定能打造出光明的未來。

正因為有痛苦的過去才有了現在

過去的事實是無法改變的

最喜歡的
寵物
死掉了……

嗚嗚嗚嗚

不論何時都被當時的事件影響	接受當時發生的事件
 都是我的錯…	 謝謝
如果那時那樣做就好了……如果那時候能再多做一些什麼就好了……都是我的錯……。	謝謝你在我寂寞的時候跟我一起玩，我永遠不會忘記的。

對於過去的詮釋是可以改變的

過去真的無法改變嗎？

在**HINT1**（P10）中我們提到「過去是無法改變的」，但事實上「過去也是能夠改變的」。根據你的想法，多少能夠改變過去的事。你是怎麼看待過去發生的那件事、在那件事中學習到什麼、如何使之成為成長的糧食，如果能這樣思考，多少還是可以改變過去。

現在的你？

因為有過去的那件事，所以才有現在的你。那時或許非常痛苦，但你現在還活在這裡。從那時候開始，一步步慢慢地持續邁向未來，也就是現在。過去那些痛苦的事，都已經結束了。沒有必要一直被過去牽著鼻子走。

如果自己能夠持續成長

我們要讓自己覺得，過去那些痛苦的經驗也沒什麼大不了的。因為你現在已經站在不同的人生階段了。

雖然我們必須冷靜地回首過去的事，將這件事銘記在心，但一直對當時發生的事耿耿於懷、煩惱不已，其實是非常浪費時間的。

「因為發生過那件事，自己才成為現在的樣子」

如果我們能對過去發生的事情保持積極正向的態度，就能夠讓這件事變成飛往未來的踏板。根據你看待事情的態度，多少也能夠改變過去。而未來肯定也會隨之有所改變。

比昨天努力一點點也好，
試著挑戰看看吧

辛苦＝未來的改變

CHANGE
<改變>

CHANGE T TRY
試試看…

變成
CHANCE
<機會>

付出的辛苦＝改變的程度

只要改變對過去的看法，就能改變現在的自己，未來也會有所改變。或許有很多人在打算改變某些事的時候，會覺得「我不知道該怎麼做才好」、「無法採取行動」。

「改變」就是這樣的事情。要做出很大的改變是非常辛苦的，並不是一件輕鬆就能達成的事。但正是因為非常辛苦，才能夠成為過去從來沒有想像過的、全新的自己。

請好好看看「CHANGE」這個單字

英文字母「G」的下方，可以看到小小的「T」對吧？

面對想要改變（CHANGE）的事情，只要你能試著去挑戰（TRY）看看，就會變成機會（CHANCE）。

正是在CHANGE中，才會有CHANCE

請試著在每天的生活中，把心思放在「持續做些改變」這件事上。今天會比昨天更好，明天又會比今天更好，現在這個時間點會比早上時更好，明天早上又會更好……只要持續做出一點點改變，這些變化也會逐漸累積變大。只要跨越過辛苦的每一天，你一定能夠比過去成長許多，而且一定能夠把握住很多機會。

雖然很辛苦，但就來「CHALLENGE（挑戰）」看看吧！

正因為是很辛苦的事，所以才會有「CHANCE（機會）」。只要改變現在，一定也能夠改變未來。

每天試著比平常多努力0.02就好

只是0.02的差別就能有這麼大的改變!!

只要持續不斷地努力,
最後就會變成巨大的力量

1.01法則

$$1.01^{365} = 37.8$$

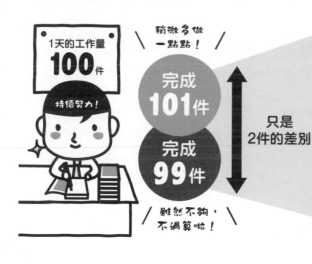

1天的工作量 **100**件

持續努力!

稍微多做
一點點!

完成 **101**件

完成 **99**件

雖然不夠,
不過算啦!

只是
2件的差別

1年後
會產生
很大的差異

$$0.99^{365} = 0.03$$

0.99法則

如果持續偷懶一點點,
最後力量就會慢慢消失

想想看「0.02差異法則」吧！

假設你把該做到1的事情只做到0.99，每天一點點偷懶。

「明天再做就好了」「好麻煩，稍微減少一點好了」「應該有誰會來幫我做完吧。我做到這個程度就可以了」。

人類是一種會往輕鬆的方向逃避的動物

誰多少都會有想要偷懶的心情吧。就算抱持著「今天大概這樣就好」的安逸想法，稍微偷懶把該做到1的事只做到0.99，因為乍看之下也看不出這種細微的差距，所以大概誰也不會發現吧。如果沒有被誰歸咎責任的話，那下次就會繼續偷懶，只做到0.99。

就這樣一點一點地偷懶下去，最後經過1年後，你的能力就會降低到只剩0.03了。想一想，真的很可怕對吧？

相反地，比1更多努力一些的話會如何呢？

對於應該做到的1，試著努力做到1.01看看吧。偷懶只做到0.99是幾乎不會感受到變化的微小差距，而做到1.01也是非常微小的差距，身邊的人也不會知道對吧？但即使沒有被任何人誇獎，請試著每天做到1.01，比前一天更努力一點看看。請試著改善自己。只要將自己的努力堆疊起來，1年之後就能變成37倍的力量。

這兩個做法僅有0.02的差別

話雖如此，光是這樣做就能讓自己的成長產生如此大的差別。你是想稍微輕鬆一點、偷懶一下？還是稍微多做一些、努力一點呢？這將會使你的未來產生非常大的改變。

反過來說，即使只是些微的變化，只要每天持續累積的話就能變成強大的力量。各位不覺得這種說法讓人充滿希望嗎？

沒有自信

試著轉動
小小的齒輪

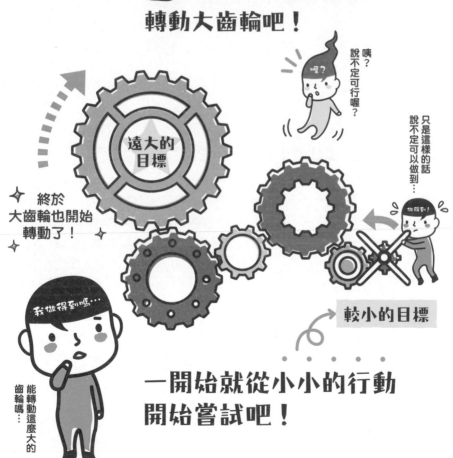

大齒輪與小齒輪的差異，一目了然

大齒輪很難轉動、很重。在距離自己較遠的地方。
小齒輪因為較小，所以很輕。就在自己的面前。

如果突然要轉動大齒輪，應該無論如何都做不到吧？要讓大齒輪轉動需要花上非常多的時間。對著又重又沒反應的事物投注精力與努力，可能做到一半就會覺得厭煩了。或許有些人會在這時候就放棄了吧。

面前有較輕且較小的齒輪

那麼，轉動小齒輪就不會那麼辛苦了吧？馬上就會開始轉動起來。只要這樣持續地轉動下去，總有一天力量一定會傳遞到遠方的大齒輪，然後很重的大齒輪就會開始轉動。當你發現的時候，齒輪應該已經在產生很大的動力了。

你的成長也可說是同樣的狀況

一開始先從較小的行動試試看。只要不斷持續地進行，慢慢培養自己的力量，就能夠開始逐漸有所成長。然後，總有一天會出現巨大的變化。原本覺得不可能做到的遠大目標，也會在不知不覺中變得似乎可以辦到了。

想要達成某項遠大的目標時

請回想起這個「小齒輪理論」。不要擔心，只要每天持之以恆、努力不懈地進行小小的事情，持續轉動自己的力量能夠轉動的小齒輪就好。想像這是總有一天會傳遞給大齒輪的動力，從這裡開始試試看吧！

持續不斷地努力，將會成為「信賴」

信任指的是過去，信賴指的是未來。

信任	信賴
<對於過去的評價>	<對於未來的期待>

經驗
言論
不說謊的人
溫柔的人
努力
有●○證照
行動
認真的人
在□▲業界工作超過10年
成長
交給我
如果是這個人應該可以商量
想和這個人當朋友
這個人一定會努力做到最後
如果是他應該可以成為領導者
如果是他的話就沒問題

持續不斷努力
而累積起來的
信任 ➡ **變成 信賴**

「信任」和「信賴」的不同

雖然通常會覺得意思相同，但其實這兩個詞彙還是有點不同。「信任」是指「對於你的過去的評價」。

你到目前為止累積的經驗、有哪些發言、做了哪些行動？留下了什麼樣的成果，又得到過什麼樣的評價？累積了什麼樣的努力，最終得到了什麼樣的成長？

「信任」是指

結合了上述的所有條件，對於你這個人有這樣的評價：
「是有這種想法的人。」
「是能做到這些事的人。」
「是不會去做這些事的人。」
這就是對你的「信任」。

「信賴」是指

「對你的未來有所期待」。
這是人們對於現在這樣的你所寄託的期待。
「如果是他的話，應該能為我做這些事。」
「我想他應該可以做出這樣的成績。」
「如果是他的話就沒問題。」

如果你有從過去不斷累積至今的「信任」

那就會孕育出「信賴」。就算覺得沒有任何人肯定自己，但你至今為止持續不斷的努力會被信任，總有一天，這份信任會變成對於你未來行動的期待，成為對你的信賴。

HINT 8
CHAPTER 1

訂立和自己的「小小約定」

＜和自己的約定 確認表＞

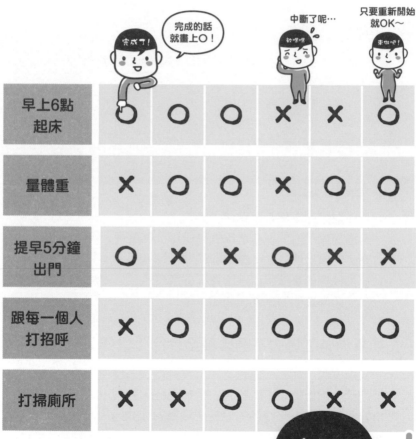

	完成的話就畫上O！		中斷了呢⋯	只要重新開始就OK～	
早上6點起床	O	O	✕	✕	O
量體重	✕	O	O	✕	O	O
提早5分鐘出門	O	✕	✕	O	✕	✕
跟每一個人打招呼	✕	O	O	O	O	O
打掃廁所	✕	✕	O	O	✕	✕

專注在有做到的事情上。

完成了!!

自己在過去並沒有特別努力過

　　沒有得到驚人的成果、沒有得到其他人的信任、自己真是太沒用了……或許有些人會這麼想。

　　不過，不必因此覺得失望唷。就算多少覺得過去的自己很沒用也沒關係。當然，要得到他人的信任和信賴必須花費相應的時間。只靠自己的努力，或許很難累積他人對自己的信任。

首先，自己要先信賴自己

　　所以，一開始就由你先試著期待自己的未來吧。從你自己本身開始徹底地信賴自己。如果是這件事的話，就算是你也可以馬上做到吧。

該怎麼樣才能夠信賴自己？

　　那就是要遵守「和自己的小小約定」。只要持續遵守約定，就能先慢慢累積起對於自己的信任。和自己的小小約定，對你來說就是前述的小齒輪。

　　而具體的做法非常簡單。製作一個表格，每天有做到的話就畫圈，沒有做到的話就畫叉吧。就算有幾天沒做到也不要著急，即使有幾天沒做到，只要再從今天重新開始努力就好了。能畫上圈圈就是值得開心的事。只要把注意力放在自己做到的事情上，就會變得想再繼續畫上圈圈，如此一來就能夠從頭開始努力。

小小的約定也沒關係

　　假使有幾天沒做到的話，只要馬上改正就好，從減少沒有做到的日子開始吧。

　　訂下和自己的小小約定，從遵守這些約定開始試試看吧！

以「遵守約定」 來產生自信

自信＝對自己的「信任」與「信賴」

沒有遵守約定
會產生的東西

不信任

不安

迷惘

又睡過頭了…

真沒用啊…

遵守約定
會產生的東西

信任

信賴

心情舒暢

真舒服！

今天也有乖乖地起床呢！

就算有幾天沒有遵守
也不要放棄，
馬上再遵守就好。
這樣好好遵守的
比例就會上升。

這麼一來……

對自己的
信任、信賴

＝＝

自信

會建立

＝＝

如此一來就能得到
他人的信任和信賴

每次遵守就能得到的收穫

這並不限於與自己的約定或是與他人的約定，只要訂下小小的事情並遵守，每次都能得到這個收穫。那就是信任、信賴，以及讓自己心情舒暢的心情。

另一方面是破壞約定後會隨之而來的東西，那就是不信任、不安、迷惘等等。

和他人的約定比較容易遵守

這是因為很容易想像破壞約定時會隨之失去的事物。

但另一方面，我們很容易破壞跟自己的約定。因為破壞了約定這件事，只有自己才知道，而且也很難想像破壞和自己的約定會怎麼樣。

正因為如此，我們才會在不知不覺之中增加對自己的不信任感，使自己變得經常沒有自信。

就算只是件小事，也要遵守決定好的事

即使有時候沒有遵守約定也不要放棄，馬上再遵守就好。盡量去增加能遵守的比例。只要每天持續遵守下去，就會逐漸增加對自己的信任感，若能開始對自己的未來有所期待，就能夠對自己本身充滿信賴。

對自己的「信任」和「信賴」

透過鞏固對自己的信任和信賴，就會產生出「自信」。

擁有自信後，自然而然地就能夠專注在行動上，而且也會逐漸獲得他人的信任、信賴。

首先，成為遵守約定的自己

試著持續進行能用眼睛看見成果的事吧。

沒有自信

對過去的自己抱持肯定

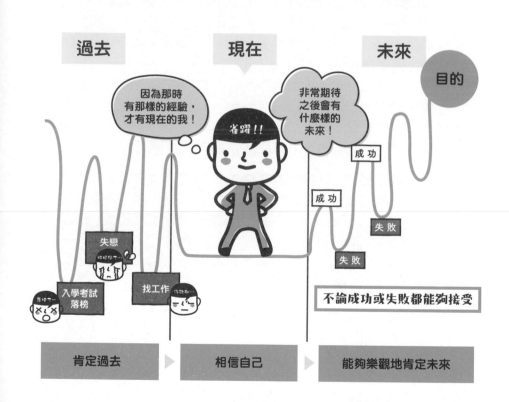

我的人生故事

為了能夠相信自己

除了相信過去的自己之外沒有別的方式了。不論你有多麼否定過去，也無法從中獲得什麼。

首先請先肯定自己的人生。就算過去曾經發生過多麼痛苦的事，或是遭受過多麼大的打擊，讓你的心傷痕累累，這也是你的人生。這些都是形成現在的你的重要經驗。

如果你沒有辦法肯定自己的過去

那麼最後你也無法樂觀地肯定自己的未來。會過著不管對過去還是未來，持續否定所有事情的人生。

不論是誰的人生，都有或大或小如戲劇般的事情發生。所以不需要覺得害怕。正因為人生會像雲霄飛車（過山車）一樣上上下下、起起伏伏，才感受得到活著的醍醐味，人生才有意義不是嗎？

在事情發生的當下或許還不太清楚，但所有的人生體驗，都是只有你才能辦到，因為是你才能體會的美好體驗。說得極端一點，光是「現在還有一條命在」就已經是非常幸福的事了。能不能有這樣的想法，會讓心情大大的不同。

將「自己的人生故事」視為重要的寶物

變得能夠相信自己後，就可以看到人生更美好的景色。只要能對過去的自己抱持著肯定的心態，某種意義上來說，可說是進入佛一般的領域了。

肯定自己的過去，並且相信自己

這就是現在也能馬上做到的事。而且也不需要花費金錢。請你務必從這個瞬間開始馬上試試看。

市面上也有很多教導人如何肯定自己、對自己有自信的書籍。具體的做法請閱讀那些書籍並從中學習。

留意過去沒能發現到的真正的自己

什麼是周哈里窗？

OS君劇場
「箱子裡面有什麼呢？」

我是周哈里

來聽聽知道的人的說法！

<開放的窗>
自己與他人都知道的部分

<盲目的窗>
自己並未察覺但他人看得到的部分

鼓起勇氣，告訴別人吧！

<隱藏的窗>
自己知道但他人看不到的部分

<未知的窗>
自己和他人都不知道的部分

傾聽別人的看法並接受。
鼓起勇氣告訴別人自己的樣子，
你的「開放的窗」就會日漸擴大!!

你知道什麼是「周哈里窗」嗎？

這是在心理學中，想更客觀地自我分析時，經常使用的一個模式。

這個理論將對自己的理解分為「開放的窗」、「隱藏的窗」、「盲目的窗」、「未知的窗」4個類別。

「開放的窗」指的是自己和他人都知道的，能夠看見你自己的窗。
「隱藏的窗」指的是能夠看見他人看不見、只有自己知道的部分的窗。
「盲目的窗」指的是自己沒有察覺，但他人看見的你。
「未知的窗」指的是能夠看見自己和他人都沒有察覺的你的窗。

雖然自己並不知道，但「原來在他人眼中看來我是這樣的人」、「或許我有這樣的一面」，謙虛地看著「盲目的窗」，並接受他人給予的反饋與建議，就能夠讓你的「開放的窗」日漸擴大。

只有自己才知道的「隱藏的窗」

鼓起勇氣向他人展現出原本的自己，也可以讓你的「開放的窗」變得更寬廣。而他人對你也會有更深的理解。

透過縮小自己與他人「對自己的認知落差」，能夠讓你對至今為止都沒有察覺到的自己有更深的認識，你身邊的其他人也能夠對你這個人本身有更進一步的理解。

「開放的窗」愈來愈大的話

就能夠進行更順暢的溝通，在你發揮自己所擁有的能力時也會很有幫助。這麼一來應該也能讓自己對自己抱持信心。

藉由家人或是朋友的幫助，試著看一次自己的「周哈里窗」吧。

改變態度，
就能改變周遭環境

變得有精神的身體使用法

1 改變**身體**
的使用方法…

ex 點頭
握拳
鼓掌

讓自己發出
聲音 **2**

ex 充滿精神地回應
笑
發表看法
說出積極正向的話

3 **內心**
就會改變

變得積極正向
保持自信
振奮精神

周圍氣氛
就會改變 **4**

能讓你的職場
或家庭氣氛
改變的就是你

情緒高昂！

＝

使現場氣氛變好的守則

保持活力的身體使用方法

想要經常保持自信、持續維持高度的熱情，就要經常保持活力。

讓我們具體來看看為了保持活力，該如何「使用身體」吧。

「點頭」……不只動頸部，而是從胸部開始用力點頭。

「回答」……以充滿活力且有力的語調，乾脆地回答。

「舉手」……自動自發地積極舉手。

「發表」……大聲且有自信地發表想法。

「鼓掌」……發自內心地用力鼓掌。

「笑」……坦率地露出笑容，打造充滿笑容的環境。

「正向的話語」……使用積極正向的詞彙。

使氣氛變好的守則

事實上，讓一個空間的氣氛變好是有規則的。能讓你的職場或家庭、所屬的團體氣氛改變的，就是你自己的態度，也就是身體使用法當中的一個。

改變身體的使用方法，讓自己發出聲音的話

你的內心也會跟著改變，非常不可思議呢。你的心境一旦改變，周遭也會有所改變，有趣的是環境也會慢慢轉變呢。只要維持良好的態度，大幅使用身體，並大聲發出聲音。

你可能會想「只要這樣就可以了嗎？」，但這是非常有效的。不過可惜的是有很多人都做不到。

另一件重要的事

整頓自己的儀容或是自己身處的環境時，不要忘記有最低限度的規則。你會想和外表態度亂七八糟、包包裡或桌面總是雜亂無章的人一起工作嗎？我想這也不言自明吧。

多加留意
決定印象的「外表」

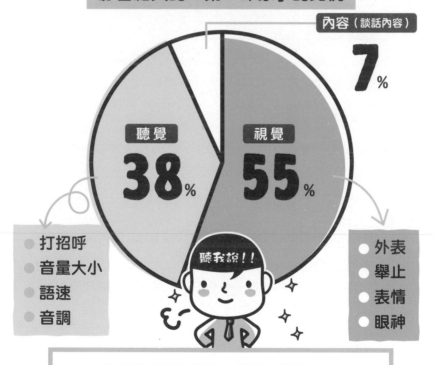

什麼是**梅拉比安法則**？

影響給人的「第一印象」的比例

內容（談話內容）

7%

聽覺
38%

視覺
55%

● 打招呼
● 音量大小
● 語速
● 音調

聽我說!!

● 外表
● 舉止
● 表情
● 眼神

整理好自己的儀容、保持姿勢端正、
大聲地打招呼並清楚明確地說話，
整頓好給人的第一印象

＝

對自己有自信

有個法則稱為「梅拉比安法則」

　　就是要決定某人的「第一印象」時，以數值來表示傳達情報的方式。人在決定一個人給予他人的印象時，會根據以下3種資訊。

「視覺資訊」（外表或表情、眼神、態度或舉止等）…55%

「聽覺資訊」（招呼、音量大小或音調、說話方式、語速等）…38%

「言語資訊」（使用語彙的意義或說話的內容等）…7%

言語資訊只佔了7%

　　言語傳達出的資訊（語言溝通）只佔了7%，讓人覺得有點驚訝對吧？這也代表，外表或態度、姿態等資訊（非語言溝通），是多麼影響你給人的第一印象。

多加注意非語言溝通

　　這並不是說外表或是傳達方式等非語言溝通比什麼都重要，但如果你想更正確地傳達出自己給人的印象、想讓對方對你有更好的印象，除了磨練自己談話的內容、提升自己語言溝通的技巧之外，也應該多加留意非語言溝通的部分。

　　整頓好儀容、讓姿勢端正、大聲地打招呼、說話清清楚楚。先做到這些，對方就會以不偏頗的態度聽你想傳達的事、你所說的話，並以直率的心情接受你。

穿上體面的襯衫並拿著高級的包包吧

　　然後充滿自信，讓對方感受到你的魅力就好了。整頓好第一印象，是能讓自己擁有自信的簡單方法之一。不只是對他人，也是對自己最有效果的方法。

以「自己的話語」激勵自己

自己的話語的力量

大腦向身體傳送指令

沒有自信
一定不行
好懶
好麻煩

真有趣！！
好開心！
加油！
謝謝

— 負面的言語

變得沒有幹勁
會讓許多事情
往負面進行

＋ 正向的話語

變得很有精神
進入活力滿滿的
狀態

人的一生中，自己的耳朵（大腦）
聽到最多次的，就是自己的話語。

多聽一些正向的話語吧！！

不要自己貶低自己

如果你想著「反正現在只有我一個人」、「也不會有人看到」，而不在乎有沒有好好整理自己的外表的話，這就是自己貶低自己。

言語的力量是非常強的

在人生中，自己的耳朵（大腦）聽到最多的話語、在大腦內直接出現最多次的話語，就是你自己的話。你的大腦會根據這些話語，來對你的身體傳達指令。

「沒有自信」「一定不行」「好麻煩」「好懶」……。

如果聽了大量負面的話語，你的身體也會漸漸地被負面情緒入侵，做出各種充滿負面感覺的行動。

「真有趣 !!」「好開心」「加油！」「謝謝」……。

如果不論何時都讓身體聽到正向的話語，會變得如何呢？這些話語肯定能讓你變得更有精神，也會使你進入充滿力量的狀態。

不斷地說出正向的話語

讓大腦運作起來，對身體下達指令吧！

相信自己話語的力量，這樣一來在不知不覺當中，力量就會漸漸湧現。

養成「獲勝的習慣」就會產生自信

就算是小小的事情，也要養成**獲勝的習慣**！

燃燒的猜拳制度

在舉辦講座或研習時，我都會提出一個叫做「燃燒猜拳制度」的東西。這個制度的內容是，要在大家面前發表的時候，如果不是猜拳贏的人，就沒有權利發表。

規則非常簡單。

①只有獲勝的人可以上台發表

②失敗的人會因為「不能發表」而感到後悔

獲勝的人會開心地發表

要說為什麼的話，那是因為在大家面前發表時，或是失敗而感到羞恥時，或者是獲得別人的同感、品嘗到成功的滋味時，這種情緒高昂的體驗只有勝利的人才能獲得，而且他能夠藉此獲得更多的成長。這正是失敗的人會因「不能發表」而感到懊悔的理由。而「燃燒」指的是透過較大的音量，用聲音和熱切的心來進行猜拳。自己的熱情能量會慢慢改變團隊的整體氣氛。

所以不要小看猜拳這件事。因為任何時刻都認真面對這些事情，這樣的態度會逐漸改變你。

養成「獲勝的習慣」是非常重要的

「獲勝」的連鎖反應，會引發「自信」、「幹勁」等正向的迴旋，也會喚起身為「責任者」的自覺，使你有所成長。

反過來說，「習慣認輸」的連鎖反應

會引發「不信任」、「放棄」等負面的迴旋。在這個過程裡，會開始覺得自己是「受害者」。

不管是多麼細微的事都可以。只要經常留意獲勝這件事，就能逐漸養成「獲勝的習慣」。這也能夠讓你產生自信。

灰姑娘的故事可以替換成商場上的故事

如果把大家都熟知的灰姑娘的故事當作商業案例來看的話，會有很多有趣的發現。

灰姑娘是個美麗且心地純潔的女孩，但卻被壞心腸的後母和姊姊們虐待，穿著破破爛爛的衣服，還被當成傭人一般使喚。但即使如此，她還是不會偷懶，絕對會做完被命令要做的家事，恐怕比任何人都更加努力地完成這些事。正因為她如此努力，才會在那時候被神仙教母選中了。

就算在商業界也是會發生這樣令人難以置信的事。只要你每天即使沒被誰命令依然完成自己該做的事，每一件事都認真進行，逐漸累積成果，總有一天你就會遇到能將你向上提攜的人。

外表也很重要

然後，灰姑娘也得到了能夠去參加後母與姊姊們都盛裝打扮的城堡舞會的機會。神仙教母為她施了魔法，將她的服裝整理得非常完美。穿上漂亮的禮服搭配時尚的玻璃鞋，搭上南瓜變成的馬車，灰姑娘出發前往正在舉行舞會的城堡。不過，在日期改變的午夜12點時魔法就會解除。神仙教母和灰姑娘約定好一定要在這個時間前回家，才送她出門。

這裡的重點是灰姑娘穿上漂亮的禮服出門了。當然，灰姑娘即使處在多麼悲慘的狀況中，都毫不怠惰地完成工作，十分努力地磨練出自己的性格。但是，如果還是穿著平常穿的那套破破爛爛的衣服，那應該會被門口的守衛打發走，根本無法踏入舞會一

灰姑娘若是上班族，
會是優秀人才的原因

步。這讓我們學到，如果你想要達成夢想、想要得到自己所希望的未來，那麼儀容是非常重要的。

　　基本中的基本，至少要有整齊的髮型、看起來乾淨的服裝，如果樣貌會讓人感到不快，那就不會有人想要跟你來往。

　　如果沒有符合TPO（Time、Place、Occasion，即時間、地點、場合）的服裝，那就不可能以對等的立場站在同一個競技場上。雖說用心與內涵是非常重要的，但尤其是在商業界，將這些表現出來的外表也非常重要。

　　如果你已經有很好的成績，大家都已經知道你是什麼樣的人，那情況也許會有些不一樣。但是如果大家還不知道你是什麼樣的人，那麼保持端正的儀容，先站在起跑點上，就是相當重要的事。

如果真的是有才能的人，一定會得到好評

　　接著，那場舞會是為了替王子找尋結婚對象而舉辦的。世界各地的華麗女子們都聚集在此。灰姑娘雖然是很美麗的女孩，但同樣穿著美麗禮服的女孩們會彼此互相爭奇鬥艷。即使如此，王子也具有找出最佳人選的能力。雖然有許多人接近王子，但他可不是為了受歡迎才當王子的。在眾多美麗的女孩中，王子的目光停留在灰姑娘身上。即使灰姑娘被後母和姊姊們欺負，但王子還是注意到了每天努力的灰姑娘身為一個人的魅力。

　　這裡的重點是，如果你真的是有才能的人，一定會有願意提攜你的人，也就是會有很好的客戶注意到你。不順利的時候，只

要每天累積努力，即使只有一點點也好，讓自己擁有實力，一定會遇到願意肯定你的人。以商務人士來說，不必因為沒有被客人選擇而覺得氣餒。因為這對你來說不是必要的客戶。但是，如果放棄並疏於努力的話，遇到伯樂的機會是不會降臨的。

努力讓人認識自己是必要的

　　灰姑娘和王子一起跳舞，度過了如夢一般的時刻。可是，馬上就要到魔法解除的時間了。心裡想著不會再見到王子了，灰姑娘就像被人從後面揪著頭髮一般，頭也不回地離開了城堡。然而慌張的她，在離開的時候掉落了其中一只玻璃鞋。王子忘不了灰姑娘，憑著那只玻璃鞋在各地展開搜索。最後終於再次見到灰姑娘，兩人結婚並過著幸福快樂的日子。真是個可喜可賀的故事。

　　雖然灰姑娘並非故意留下那只玻璃鞋，但如果沒有這段轉折，王子也沒有辦法尋找到灰姑娘，對吧？

　　也就是說，為了構築出你理想的未來，你要向別人表達出你是什麼樣的人？你喜歡什麼？擅長什麼？你想要達到的目標是什麼？積極地告訴別人這些事，也是非常重要的。

　　乍看之下，好像會覺得灰姑娘是靠著神仙教母才得到幸福，但仔細想想，她不就是為了實現夢想而努力、最後達成了夢想的人嗎？灰姑娘每天不斷地累積努力，磨練自己的個性，在得到別人幫助的同時，運氣也站在自己這邊，最後獲得了美好的未來。這就稱為「灰姑娘理論」。請你也試著稍微改變觀點，來看待童話故事吧。

給沒有夢想的你

試著描繪
「自己想成為的樣子」

覺得 妖怪 很可怕的原因

習慣之後就能當朋友

你覺得你的未來很可怕嗎？

「看不到未來的方向所以覺得很不安。」
「我不知道自己該以什麼樣的方式活下去比較好。」
「自己會變成怎樣呢⋯⋯」

只是因為不知道所以覺得可怕

你對自己的未來感到不安、覺得很可怕，是因為你沒有自己想像過未來會是什麼樣子。就像覺得黑暗很可怕、妖怪很可怕一樣。因為看不到所以不知道模樣、不清楚妖怪的事情，所以才會沒頭沒腦地覺得很可怕。

如果貞子隨時都在你身邊的話？

假如，由鈴木光司的小說中誕生的「貞子」，每天都以滿身是血的樣貌待在你身邊的話，你最後應該也會說出「你還是先擦擦身上的血吧」這種話吧。這樣的話就太搞笑了。但如果隨時都能看到形體，就算看到貞子也不會覺得有什麼好可怕的吧。習慣的話，就算是妖怪也能成為朋友。

未來也是一樣的

你自己的未來，你可以盡情地自由想像。
「我想變成這樣」「我想這麼做」如果你能像這樣好好地想像未來的模樣，讓未來變得更明確的話，未來什麼的也就沒什麼好可怕的了。

不要「尋找自我」
而是要描繪「未來」

未來不是能找到的東西。

未 來 ≠ SEARCH

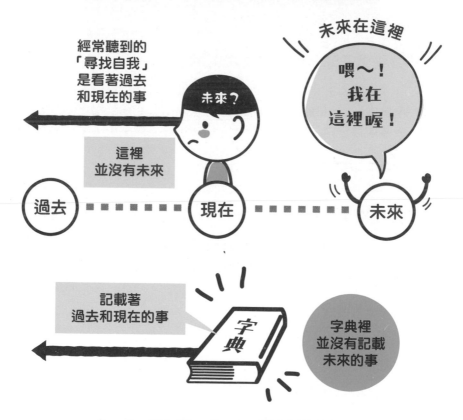

經常聽到的
「尋找自我」
是看著過去
和現在的事

未來?

這裡
並沒有未來

過去　　　現在　　　未來

未來在這裡

喂～！
我在
這裡喔！

記載著
過去和現在的事

字典

字典裡
並沒有記載
未來的事

未來是靠自己描繪的。

未來不是能找到的東西

如果你正在找尋自己的未來，那是浪費時間的行為。

因為未來不是靠找尋能得到的東西。

未來，說到底是從你的現在拉出一條線，存在於那條延伸出去的線上。它不是你去某個地方尋找就能找到的東西，也不是會噗通一聲掉在某個地方的東西。

「尋找自我」是探尋過去

我們經常聽到的「尋找自我」，是回頭審視過去和現在，從自己到目前為止所做的事情當中，蒐集某些東西的行為。這種狀態可說是為了表現出自己，所以努力在找尋一些能有所感觸的事物。

但是在那裡，即使存在著你的過去，也不存在著你的未來。代表著你這個人的「字典」裡，記載的是過去和現在的事，裡頭並沒有寫著你的未來。

未來是靠你自己描繪出來的東西

未來是靠你自己，自由自在地描繪出來的。

描繪未來，就是明確地表達出自我意志：「我想成為這樣的人」、「我自己會這麼做」。

未來，絕對不是可以找到的東西

請各位先牢記著這件事。

捨棄「應該要這樣」的
堅持，自由想像

你的未來的畫布

這些顏料會隨著
你的成長逐漸增加！

特長

過去

出身

人脈

擬定

環境

個性

經驗

好雀躍!!

畫什麼
都可以！

你的未來隨時都是空白的畫布

為了能讓自己清楚地看到屬於自己的未來，請你自由自在地描繪。

不能讓任何人來加筆

你在描繪屬於自己的未來時，不可以讓其他任何人來畫你的畫布。不論是家長還是兄弟姊妹，不論是朋友還是老師，誰都沒有權力可以隨意地畫你的畫布。

不過，出乎意料的是這樣的人還滿多的。「我應該要這樣做」「不這樣做的話爸媽會生氣」「沒有特別堅持什麼，就這樣吧……」請將這些想法丟掉。

如果像這樣讓你以外的各種人擅自畫在你的畫布上，你甚至會覺得畫布在不知不覺中變黑且變髒，但那已經是過去的畫布了。

未來的畫布是光明且燦爛的

接著，為了要描繪你重要的未來，必須得蒐集資訊。學習也是非常重要的。如果想要畫出更好的未來，一定要在所有獲得的資訊中取捨，挑出對自己來說必要的、以及最根本的資訊，並在學習過許多事物後，自己認同再描繪出來。

即使要花很多時間去描繪也沒關係。如果畫到一半覺得不對，請全部擦掉，不論幾次都要重新再畫一次。過去的畫，不論幾次都可以改變。

在全白的畫布上描繪吧

讓我們期待自己的未來和人生的畫作，無論幾次都好，在全白的畫布上把它們描繪出來吧。

沒有夢想

HINT 19

每個人的人生都有故事。

電影　我的人生故事

不起眼的上班族「OS君」想起小時候的夢想，
成為一個不斷創作出暢銷商品的「玩具設計師」，
有歡笑也有感動的成功故事。

主角
OS君

我做到了！

經手創作的商品
大熱賣！
獨自成立玩具製作公司

因為有抄襲嫌疑
而被提告，
公司面臨存亡危機

還是想辦法
渡過了難關

和憧憬的
女性

結婚

加油！

生出了可愛的
孩子

退休後夫妻
兩人移民到國外

Fin.
Happy End

自己人生的
主角就是自己。
想想看能讓自己
雀躍不已的
故事吧！

何時、從什麼開始
做起比較好呢？

好想講一下
「卡！」看看

該怎麼做才能
變得更有趣呢？

導演

你的人生是你自己的「作品」

你的人生主角就是「你自己」。不是其他的任何人。

你至今為止走過來的路，都是你自己創造出來的。過去也是由你自己創作出來、只屬於你自己的「作品」。而從現在開始創造出的未來，當然也是由你隨心所欲地描繪、以你為主角、只屬於你自己的「作品」。

就像拍電影一樣，打造自己的人生

想想看，若是製作一部「主角是自己的電影」會如何呢？

你可以隨自己喜歡，自由自在地行動。不論是地點、一起演出的人還是故事，也都可以自己選擇。只要集結能讓你覺得雀躍不已的事物就可以了。

就算實際上要製作出一部電影作品，也需要花上幾年的時間和許多心力，進行縝密的事前準備才行。確實地製作出分鏡圖、經過好幾次修改、精雕細琢，再加上許多的內容元素，才能製作出一部電影。

你想創作出什麼樣的故事呢？

你的人生也是由你擔任導演的電影作品。應該會很想作為主角盡情享受，過著充滿活力的人生吧？想要創作出什麼樣的故事、想要成為什麼樣的主角生活下去，好好地思考看看吧。這樣想一想，不覺得開始興奮起來了嗎？

沒有夢想

HINT 20

CHAPTER 2

理解「目的」和「目標」的差別

目的

GOAL

- ●「想變成這樣」的最後狀態
- ● 具體地呈現
- ● 原因很重要

達成！
祝突破10萬本！
GOAL

想成為的自己

成為銷量10萬本的暢銷作家！

目標

CHECK! CHECK FLAG

- ● 為了達成目的的路標
- ● 里程碑
- ● 以「處於～的狀態」來思考

CHECK! 成為媒體討論的話題
簽名會
CHECK! 寫書
CHECK! 著書會
CHECK! 向出版社提案

為了達成目標該做的事

① 向出版社提案，確定出版
② 寫好書的內容
③ 出版後有了書迷，舉辦簽書會
④ 成為媒體討論的話題

來做吧！

「未來」是目的和目標

　　「目的」單以字面上來看，是指眼睛所看著的「標的」。你想要成為什麼樣的人呢？「我想成為這樣的人」這樣的最終狀態，就是所謂的「目的」。

　　設定目的的時候，「我想成為有錢人」、「我想成為被人尊敬的人」要比這些抽象的描述再更深入一點，像是「我想成為每年可以賺2000萬圓的人」、「我想自己創業當老闆」這樣，做出更加具體的設定吧。如果內容太過模糊曖昧，是不能夠成為有用的「標的」的。

目的是有理由的

　　為什麼你會想要1年賺2000萬圓呢？或許是因為想要住在更好的房子裡，也有些人是想過著可以隨時去旅行的生活。想成為老闆的理由是因為有想要實踐的工作，也有可能是不想被他人雇用。「為了～」而需要○○。獲得○○就成為了目的。

「目的」和「目標」的差別是？

　　所謂的「目標」，是指前往目的時所需要的路標，也是為了不迷路而設立的里程碑。以「處於～的狀態」來思考。

　　舉例來說，為了達成「抵達富士山的山頂觀覽雲海」這個目的，自己現在身在5合目※，只要能爬到7合目，馬上就能抵達山頂，所以再努力一下。而確認到達目的還有多少距離的旗幟，就是所謂的「目標」。

　　如果沒有目的地採取行動，就像是沒有決定要往何處攀登就莽撞地去爬山一樣。這樣徒勞的行動只會覺得疲勞而已。

※註：富士山從山頂到山腳分為10個階段，最靠近山腳的第一階段是1合目，山頂為10合目。

首要是「目的」與「目標」的不同

　　請充分理解這兩者的不同。

從目的開始往回推算

往回推算

POINT

● 為了清楚有沒有一步一步達成
要把目標設為 一定的量

● 決定目的與目標的
期限

● 不斷 分解
直到變成可以達成的事

只要將所需的元素
一個一個地往上堆疊
等到察覺時
就會抵達
最後應有的模樣

從「目的」開始往回推

為了達成目的所需的要素是？

A

為了達成A
所需的要素是？

B

為了達成B
所需的要素是？

C

為了達成C
所需的要素是？

D

為了達成D
所需的要素是？

E

設定目標作為前往目的的路標

　　若能確實訂下目的（GOAL），自然而然就會知道為了達成目的需要些什麼？也能知道現在的自己有哪些不足之處。目的＝「為了～」必須補足不足之處，而為了將需要的東西一個個拿到手，在那條路上，就要訂下目標＝「處於～的狀態」。

將目標數字化

　　目標不能只是模糊的想像，為了清楚自己是否有一步一步達成目標，要訂定出明確的「量」，這是非常重要的。

從目的（GOAL）開始計畫

　　假設要達成目的必須具備元素A。為了具備元素A而必須要有元素B，為了元素B必須要有元素C……像這樣分解並思考看看。分解之後，就能把目的視為較為簡單的元素的集合體。如果是簡單的要素，要完成它也就不是那麼困難的事了。

　　如果能夠像這樣，將目的所需的數個元素逐漸累積起來，就可以一點一點地接近目的，等到察覺時，你應該已經到達最後階段的模樣。

確實訂下期限

　　要確實訂下達成目的的期限，也要訂下抵達途中那些目標的期限。

　　「到這個時間為止，要變成～的狀態」，像這樣做好決定的話，也能夠發現其實時間出乎意料地不夠。為了繃緊神經，避免每天渾渾噩噩地過、浪費時間在沒有意義的事上，設定目的（GOAL），再從目的開始往回推算，進　步採取行動，是非常重要的事。

想像自己憧憬的人並採取行動

找到自己憧憬的人。

憧憬的人

- 真實存在的人物
- 明星
- 動畫或電影的角色

能夠漸漸接近自己憧憬的人

如果是他會怎麼做呢？

如果是他會怎麼想呢？

那個人都打扮成這種模樣

太棒了！

如果是他會怎麼回答呢？

那個人會是怎樣的生活方式？

「鮮明的想像」非常重要

要如何描繪出自己未來的樣子？

即使被說要「自己描繪自己未來的樣子」，一定也會有人不知道要怎麼畫才好。但其實不需要想得太過困難。

 找到自己憧憬的人

如果現在的你還沒有訂定具體的目的，也無法對未來有什麼想法，那麼，首先先找到一個自己憧憬的人吧。

「那個人太帥氣了！」「以後我想過著像那個人那樣的生活。」

你身邊有沒有會讓你產生這些想法、對他們投以羨慕眼神的人呢？

藝人也好、電影明星也好、諾貝爾獎得主也好。和你非常喜歡的女演員交往的事業家、知名的YouTuber也可以。就算是在動畫中登場的人物、並非真實存在的二次元人物也行。

 最重要的是要有鮮明的想像

如果不太能順利地在腦海中浮現出畫面，那麼就借助已有的畫面的力量吧。若能找到憧憬的對象，那就從模仿那個人的發言、行動、模樣開始就可以了。

 如果是那個人的話會怎麼做呢？

在開始進行某個行動時，試著這樣想想看吧？在要做某個決定的時候，試著想像一下「如果是那個人的話，他會怎麼想呢」，並試著以此當作判斷基準。

只要像這樣具體地想像憧憬的人，再採取行動，你就會愈來愈接近那個人。去感受自己正在逐漸改變的事實吧。在這個過程中，應該就會慢慢找到自己想要成為的樣子。

沒有夢想

首先設定一個
假定的目的

只是假設也可以,先試著做做看。

沒有假設	有假設

迷宮般的森林

只是一個勁地
繞來繞去

結果…

回到每天
懶懶散散的樣子

正確 ◎

假設
目的

錯誤 ✘

嘗試&
發現錯誤

重新改正就OK!

試著進行各種體驗
「我喜歡這個」
「我有點在意這個」

試著當作 假設目的

對想像未來的自己
有所幫助

只是假設也可以

　　如果找到了憧憬的人，並開始模仿那個人的行為，接下來就是試著設定看看自己的「目的」，只是假設也沒關係。如果沒有「假設的目的」，就會變成只是漫無目的地在迷宮般的森林裡徘徊，最後就會不知道自己該如何行動，又回到原本那種懶懶散散的日子。如果有「假設的目的」，就算跟原本應該設定的目的不同，也可以從中學習經驗，並重新修正設定。

就算不斷地改變目的也沒關係

　　如果自己開始不斷成長，那麼想做的事和想要達成的事也會一直改變，逐漸產生更高遠的目的。要是覺得有什麼地方不對，也可以再設定成別的目的。完全不需要因為有所改變而自卑，覺得「自己是個沒用的人」。

　　任何事情都是在重複「嘗試＆在錯誤中學習」後才會實現的。你的畫布是只屬於你自己的，因此要重畫幾次都可以。

不論什麼樣的體驗都會有幫助

　　為了畫出假設的未來藍圖，請多試著體驗看看自己有興趣的事，並多聽聽不同人的說法。也可以試著去多讀一些書。如果有想看的東西就去看，不管是漫畫、動畫還是遊戲都可以；如果有想學的講座或是演講，去參加也很好；如果遇到很有趣的人，不妨聽聽看他的說法。

　　不管是什麼樣的體驗，一定會讓你在想像未來的自己時有所助益。

如果覺得「喜歡」就行動

　　如果覺得「我喜歡這個」、「我有點在意這個」，那麼先設定假定的目的，從這裡開始進行吧。在你的心中，一定還會湧出一些從來沒有想過的畫面。

以是否會讓你覺得雀躍
當作判斷標準

如果你不覺得雀躍的話
那也不會有人覺得雀躍

思考自己的未來（目的、目標）的時候

　　並不是非得要是什麼高尚的事不可，有些人會胡亂地把事情想得有點複雜。其實完全不需要這樣。

最開始什麼目的、目標都可以

　　我們現在不是很常看到一些男性一線演員或是音樂人會回答「一開始會想進入這個行業，是想受女生歡迎」嗎？你可能會想「動機也太不單純了吧?!」但這樣也沒關係。

　　不管是什麼樣的目的，在試圖達成的過程中，想法也會慢慢開始改變。因為自己的實力改變後，目的或目標也會隨著改變，想像的未來也會變化。

　　最重要的是，你是否覺得「現在是最興奮的時刻」。

為什麼YouTuber這個職業在小學生中很受歡迎？

　　這是因為YouTuber給人一種興奮地製作影片的感覺。事實上在笑容的背後，應該也是花費了許多時間和勞力，但若是從一開始自己就不覺得興奮雀躍的話，那也沒辦法每天都持續上傳影片。

　　不只是YouTuber，那些不讓人看到背後的辛苦、看似發自內心享受的人，還有自己在感到興奮的同時也讓他人感到雀躍不已的人，就能夠吸引人心。

如果你不覺得雀躍

　　那麼有誰會對你的人生感到雀躍不已呢？

　　請正視自己的心，去想想自己是否會感到雀躍，來決定許多事情吧。

沒有夢想

對想要擁有的未來景象
深信不疑

安慰劑效應
深信不疑的力量

給大腦錯覺，讓大腦認為那是真的

不斷地讓大腦記住

「想成為的人」、「想擁有的東西」!!

這是多麼幸福的未來啊!!

你知道什麼是「安慰劑效應」嗎？

安慰劑效應又有個別稱是「偽藥效應」。讓患者吃其實沒有什麼特殊療效成分的偽藥，但告訴患者這是可以減緩症狀的藥物後，只要持續服用就會使病症漸漸趨緩。這就是「安慰劑效應」。這個效應的機制似乎還沒有完全分析清楚，但據說經常有這樣的例子。

實際上這個說法還有後續

根據美國克羅拉多大學的研究團隊進行的研究指出，即使在告訴患者他服用的是沒有特殊療效的偽藥後，只要繼續服用這個藥物，仍然能持續維持減緩症狀的效果。

研究團隊在54名受驗者的手臂上施加「不到燒傷程度、但仍能感受到痛」的熱感，同時為受驗者塗上宣稱是鎮痛劑的軟膏。但事實上那只是普通的凡士林而已。然後停止加熱，讓受驗者產生藥物很有效的錯覺。如此重複實驗4次左右後，即使在受驗者知道那是沒有療效的偽藥後，似乎仍然能感受到藥物的效果。

這完全是大腦自己的作用

也就是大腦已經學習到偽藥能帶來鎮痛效果這件事。

即使是大腦的深信不疑，但只要大腦相信這是有療效的，就真的能夠得到效果。安慰劑效應的效果非常強大。

這是多麼幸運的一件事

我們一定要最大限度地活用這麼厲害的安慰劑效應。

你想變成的模樣、你想要得到的東西、你想要擁有的未來，都盡己所能地讓大腦記住吧。不停地給大腦錯覺，最後大腦就會讓這些事變成真正的事、成為現實。

沒有夢想

逐步提升「目的」的等級

目的和手段的關聯性

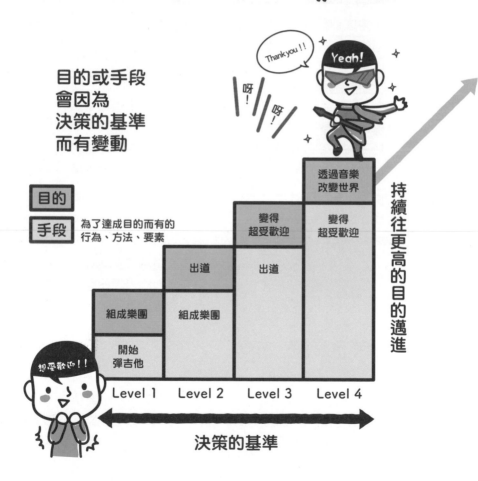

目的或手段
會因為
決策的基準
而有變動

目的

手段　為了達成目的而有的
　　　行為、方法、要素

持續往更高的目的邁進

決策的基準

在往未來的路上你會愈成長愈多

現在所提出的「目的」，會成為下一個「目的」的一部分。你會日漸成長茁壯，而你的未來也會慢慢膨脹擴大。

讓我們試著分解一下「目的」和「手段」
「手段」是為了達成「目的」的行動、方法、要素。

為了「在考試拿到好成績」這個目的

你會非常努力地唸書學習。接著，如果達成了「拿到好成績」這個目的，這個目的就會變成你為了達成「希望考上目標大學」這個目的的手段。達成這個目的後，接下來根據這個要素，就能使你達成接下來的下個目的「從事想要做的工作」。

這麼一來你的「目的」就會……

隨著決策基準的等級逐漸向上提升，這個「目的」會替換成下一個目的的「手段」，如此一來你就能往更高的目的前進，不斷成長。

目的是會不斷改變的

這個變化將會成為促進你成長的要素。
好好享受這個變化吧。

沒有夢想

HINT 27
CHAPTER 2

將夢想視覺化
然後貼出來

試著將夢想視覺化然後貼起來

想變成
這種身材

想住這種房子

想開這種車
想要去的地方…
etc…

貼上每天看都會覺得
興奮不已的東西吧!

你將會發現更加讓你覺得興奮不已的事物

設定自己憧憬的對象、將來想要怎麼樣生活、想要達到什麼成就，只要畫出你的人生在現在這個當下的未來藍圖，就能知道接下來應該要做的事，這就是所謂的「視覺化」。

不管你在腦中怎麼想像自己想成為的樣子，怎麼想像那些未來的夢想與目標，要是沒有化為語言的話，這些馬上就會被忘掉。想要達成的目的，就必須把它化為語言重複說好幾次，讓大腦持續接收這些話語，並將這些想像內化到你的身體裡。

說出口是很重要的，但是……

和說出口比起來，還有更有效果、更簡單且會讓人更快樂的做法。那就是將你的夢想視覺化。

大腦無法區分「實際的體驗」和「鮮明的想像」，這是大腦的一大特色。

如果能建立鮮明的想像……

那麼人會自然地開始動起「身體」。透過視覺化，就能讓你的「大腦」將「你想要達成的那些使你興奮的未來景象」當作是真實的事。要不要試著積極地欺騙你的大腦看看呢？

這時候要準備的就是照片或是從雜誌上剪下來的圖片等。只要是能讓你的想像膨脹起來的東西，什麼都可以。接著剪剪貼貼，請張貼在你的眼睛隨時都能看到的地方。自己將「想像」畫成漫畫或是插畫當然也很好。

貼上每天看到都能讓你覺得興奮不已的事物吧

接著，讓張貼的內容隨著你的成長不停地改變吧。

和身邊的人
互相分享夢想

試著分享看看自己的未來

把自己描繪的未來傳達給其他人
讓身邊的人也參與進來

如果你找到了自己的未來（目的、目標）

並且能夠將之視覺化的話，接下來就和朋友們分享吧！

就算只是妄想也沒關係。不要覺得羞恥，把「想這麼做」、「想成為那樣子的人」、「那個也很好呢」、「這種感覺也很喜歡」的想法，像這樣毫無拘束地說出口，不斷地跟身邊的人互相傳達夢想吧。

透過和他人分享

也可能會有新的資訊，或是從來沒有想過的話題等突然出現。可能會出現支持你的人或是遇見適當的人。只要你將夢想說出口並且有所行動，身邊的人事物也會開始動起來。光是和別人談論自己描繪的未來，你就已經讓身邊的人都一起參與進來了。

不過有必須注意的事項

那就是要慎選分享的對象。

請將夢想和積極樂觀正向、可以互相為彼此夢想加油的人分享。對方會支持你實現夢想，而你也會想要支持他或她的夢想，你一定要逐漸增加一些這種類型的夥伴。

請不要選擇單單只說「喔喔，很好啊」「那也不錯吧？」這種表面話，只有在言語上積極地互相認可的人，而是要選擇真的打從心底互相支持對方夢想的人選。

互相分享「實現的夢想」

去增加更多為了開拓未來，能夠互相切磋琢磨的夥伴。這是非常重要的。

沒有夢想

交到能支持你的 「真正的夥伴」

去結交可以互相討論夢想、在夢想路上
一起切磋琢磨的夥伴吧！！

出現夢想殺手

當你開始向身邊的人說出自己描繪的夢想時，一定會出現「夢想殺手」。「那種事一定做不到啦」「不要只看著夢想，看看現實吧」「放棄啦」會有這些否定你遠大夢想的人們。

麻煩的是，也會有出於善意、沒辦法講出一些合理的理由卻給予建議的人。

不可以把這種「夢想殺手」放在身邊

如果耳邊一直聽這些人負面的話語而受到影響的話，好不容易建立起來的「安慰劑效應」也會慢慢消失。朝著夢想前進的你所描繪出來的未來藍圖，好不容易開始讓大腦深信不疑、閃閃發光的未來，卻因為別人的負面話語而化為泡影，這不是很浪費嗎？

何謂真正的夥伴？

真正的夥伴不會否定你的夢想，而是當你朝夢想努力卻走錯了應走的道路時，或是迷路、陷入僵局而感到痛苦時、快要將自己的靈魂賣給惡魔的化身時，會站在客觀的角度對你說「你現在變成那樣了吧？」「我覺得這樣不對喔」，讓你發現自己做錯的人。

只有那些因為與你共享了「想要實現的未來」而會對你嚴詞厲色的人，才能稱呼為真正的夥伴。

你的人生是你自己的

而且是能跟夥伴一起向上提升的。來吧，將腦中描繪的未來化為言語、視覺化成肉眼能看到的東西，並且與人分享吧。這些行動都能讓你更接近自己的未來。接著，你當然也要支持你的朋友去實現夢想。為了讓你的未來閃閃發亮，有個能一起討論夢想、互相切磋琢磨的真正夥伴，是最近、最快速的捷徑，而且會成為最強的力量。

沒有夢想

14 HINTS

給無法行動的你

什麼時候來做呢

檢討
流於安逸的自己

先了解人類的特性！

圖解 這就是人類！！

好麻煩
載浮 載沉

人類的特性①
想要**輕鬆**地過

又在一樣的地方
失敗了…
那也沒辦法嘛…

又來了

人類的特性②
健忘

擋住！

【人科】
總之放棄君

沒辦法順利通關
唉算了吧

沒有
幹勁…

人類的特性③
容易**生膩**

放棄放棄
做不到啦
轉頭

人類
總是會放棄

累了

想要
懶懶散散地過！

人類的特性⑤
會逃避
疼痛·痛苦

人類的特性④
追求
快樂·安心

最後，人生
結束的時候……

後悔

那時候
這樣做
就好了…

事到如今
已經太遲了～
嘻嘻嘻

我的人生為什麼會這樣…

人類本來就是懶惰的

　　我想大部分人的人生，都像左頁圖中的總之放棄君那樣。

・當時發生的事總之就這樣吧，讓它放水流。

・都是別人的錯，不論到何時都還是沒辦法自己決定事情。

那麼你呢？

　　是否正這樣白白地過每一天呢？

　　不過也不是只有你這樣而已。我想大部分的人都是像這樣度過每一天。

　　人類是這樣的動物。
①想要輕鬆地過
②健忘
③容易生膩
④追求快樂、安心
⑤會逃避疼痛、痛苦

因為你是人類，所以會「提不起幹勁」

　　首先要先接受這件事。不是只有你會這樣而已，所以請放心吧。重要的是要先理解人類的特性。

接著擬定對策就好

　　接下來我們要針對人類的特性，擬定「那麼該怎麼做才好呢？」的對策。

　　為了不成為懶散的人類，充分思考自己能夠實際做到的策略，每天留意自己想要懶散過日子的特性，並開始行動吧。

讓無法行動的自己動起來

鴕鳥心態

鴕鳥在面臨危險的時候
有將頭埋進洞裡、
逃避現實的習性。

眼神閃光！

眼神閃光！

我什麼都看不到、
什麼都聽不到。

今天也是
和平的一天。

就算逃避現實也無法解決任何事

什麼是「鴕鳥心態」？

我們很常聽到「鴕鳥心態」這個詞對吧？這到底是什麼意思呢？據說鴕鳥有個特徵，那就是在感受到危險接近的時候，會把頭埋到洞裡，讓自己看不見現實。

 ## 英文有這樣的俗諺

「Follow an ostrich policy.」（遵從鴕鳥政策）

「Hiding his head like an ostrich.」（像鴕鳥一樣把頭藏起來）

雖然被用於這樣負面形容詞的鴕鳥有點可憐，但鴕鳥（ostrich）一詞，似乎經常用於逃避現實等負面含意上。

 ## 就算逃避現實也無法解決事情

不過，就算假裝沒看見、逃避現實，讀到這裡的你應該也已經知道了，這樣是無法解決事情的。

 ## 不要讓別人在背後說你是「鴕鳥」

接下來你該怎麼做，才能鼓起幹勁起身行動呢？在這個章節，將會慢慢告訴無法採取行動的你「該怎麼做才能動起來」的方法。

無法行動

打敗阻擋成功的「5沒有」

阻礙成功的

5沒有君

必須打倒！

來吧！
「5沒有」！！

有

♪ 化無為有超人

太麻煩了我不去，
之後麻煩你了。

[沒有行動]

不行動的話
就和什麼都沒做一樣。

[沒有知識]

沒有知識的話
就沒辦法解決困難。

[沒有自覺]

沒有自覺的人
是不會成功的。

[沒有興趣]

如果對什麼事都漠不關心，
就不會幫上誰的忙，
也不會有任何人來幫助你。

[沒有責任感]

馬上就把麻煩的事、
討厭的事丟給別人，
這樣什麼也不會改變。

要把這些全部都改成「有」！！

有有有！！

呀─

阻礙你成功的「5沒有」

①沒有自覺

如果你沒有「要讓人生成功取決於自己的行動」的「自覺」，就會流於輕鬆安逸的生活方式，無法自己展開行動。

②沒有興趣

如果對自己或身邊的朋友、家人、工作夥伴、現在、身邊正在發生的事情、為了未來必須具備的事物，全部都「漠不關心」的話，那麼你就無法受到身邊事物的良好影響。不會幫上誰的忙的話，那麼也不會得到任何人的幫助。

③沒有知識

該怎麼樣才能解決目前遇到的問題呢？獲得「知識」的話，就能找到解決各種問題的破口。為此，我們要持續從書本、他人的談話、目前為止得到的經驗等各種事物中學習。這些知識將會在人生的各個階段對你有所幫助。

④沒有行動

最重要的就是「行動」。即使在腦中思考過許多事情，但若是沒有行動的話，就不會得到成果。這跟什麼都沒有思考的結果是一樣的。只有行動才能夠改變你的人生。

⑤沒有責任感

最後，讓你的、甚至你身邊的所有人的人生變得更美好，全都是你的責任。沒有責任感的人，會把辛苦的事情、麻煩的事情、雖然知道很重要但還是不想做的事情，馬上都丟給別人。這樣的話什麼也不會改變。

 ## 如果可以將這些全部變成「有」，那你一定能成功

無法行動

對「心中的剎車器」有所自覺

阻礙你的「心中的剎車器」

讓我們來思考一下「心中的剎車器」吧。這種存在會削減你「馬上開始做」的行動力。

是否不小心就說出口了呢？

「不想要失敗」「不想丟臉」「好麻煩」

「像我這種人……」「我放棄了」「怎樣都好啦」

就算沒有說出口，但你有沒有在心中像這樣小聲地自言自語呢？

認識自己的剎車器

這是任何人都會有的情緒。會不自覺地這樣想，本身是沒辦法的事。

但這時最重要的是必須充分理解，在我們的心中存在著像這樣會讓自己的行動停下來的「心中的剎車器」。請以客觀的角度觀察自己的心，並擁有「啊，自己剛剛在心中踩了剎車器！」這樣的自覺。光是這麼做，就已經是很大的進步了。

接著就是放開煞車器

讓我們下定決心，踩下油門前進吧！首先從跨出第一步開始。只要開始奔跑，「慣性法則」（開始動作的物體只要沒有受到外力干擾，就會一直持續動下去）就會開始運作，車子（你的行動）就能不斷地跑下去。接著只要再慢慢調整速度就可以了。

無法行動

明白這個世界就是「先行動的人獲勝」

將危機感化為武器

人類不到危機逼近時就不會有所行動。

要自己抱持危機感

如果你現在在點了火的鐵板上

你能夠一直站在那裡嗎？難道不會逃離現場嗎？你應該不會就那樣呆呆地站在原地吧。如果這麼做的話，一定會嚴重燒傷的。

不是迫在眉睫的危機就不會有所行動

人類如果不是在面臨緊迫的危機，或是認真覺得「再這樣下去就糟了」，就不太會採取行動。維持現在這樣也很舒適，因此通常會想說「嘛，算了」而難以採取新的行動。

不過，如果繼續這樣泡在「溫水」裡，只會讓時間白白流逝而已。

回想看看做暑假作業的時候

我們經常聽到在8月最後一天，才開始趕著做暑假作業的故事對吧？你是否也有慌慌張張、一次寫好幾個禮拜份的日記的回憶呢？

又不是現在不做就會死掉

會悠哉地這麼認為，是因為有「時間是無限的」這樣的錯覺。這也是因為我們現在生活在一個和平安穩的時代吧。

生命在眨眼之間就會走到盡頭

人類都是懶惰的，會忍不住一直把事物往後拖延。如果不客觀地審視這樣的自己、自己抱持著危機感、努力振奮心情的話，你的人生就會這樣懶懶散散地度過，生命在眨眼之間就會走到盡頭。

儘早留意「生命的水桶」

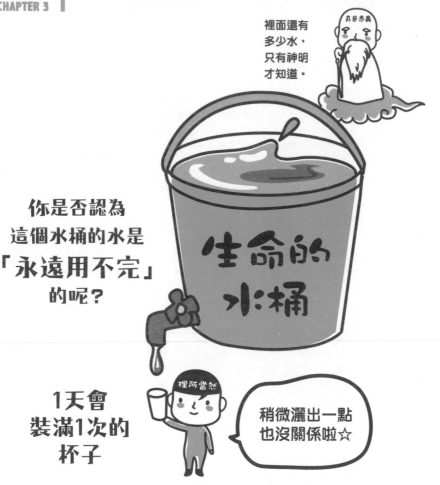

裡面還有
多少水,
只有神明
才知道。

真是憂慮

你是否認為
這個水桶的水是
「永遠用不完」
的呢?

生命的
水桶

1天會
裝滿1次的
杯子

理所當然

稍微灑出一點
也沒關係啦☆

如果水桶的水只剩下不到一半的量?
如果明天水桶就壞掉的話?

好好珍惜眼前的這1杯水。

這裡有一個裝滿水的杯子

　　如果這天之中不把水喝完的話，深夜12點時這個杯子就會變成空杯，但隔天早上又會重新裝滿一杯水，是個神奇的杯子。如果你有一個這麼方便的杯子，是不是可能會不小心浪費掉杯子裡的水呢？是不是會想，就算稍微灑出一點點，只要到了明天就會再裝滿了，有什麼關係呢？

這1杯水就是你的「時間」

　　神明唯一公平給予所有人類的東西，就是「時間」。應該也有人聽過「時間銀行」的說法吧？有個每天早上會在你的戶頭匯入86,400元（86,400秒）的銀行。不過，如果不在當天內用完的話，那些錢（時間）就會全部消失。這個水的說法也是一樣的。

這1杯水（時間）是從哪裡來的？

　　這1杯水只是從你人生可以使用的所有時間（水桶的水）中取來的。當每天在你的杯子中加滿新的水時，你那些貴重的水（時間），正在一點一滴地、在你沒有察覺的時候減少。

如果大水桶突然壞掉的話？

　　請想像看看所有的水全部都流出來的樣子。生活在和平安穩的現代，會理所當然地相信明天又會有新的1杯水可以喝。但是水桶突然在什麼時候壞掉也不是什麼奇怪的事。突如其來的災害或是意外事故等惡夢，在誰的身上都有可能會發生。看看全世界的狀況，每天和死亡比鄰而居的人也大有人在。

你不會想要好好珍惜眼前所擁有的這杯水嗎？

不趕快起身行動的話就會來不及

珍妮特法則

我是珍妮特。

對於1年時間的感受方式

5歲兒童的
1年是人生的 **1/5**

5歲

50歲成人的
1年是人生的 **1/50**

50歲

活著的年數愈長
會覺得1年過得愈快

你的生命的水桶

大概還剩下
多少呢？

還有時間啦～

788,400 小時

=

【以人生90年來說】

24小時
×
365天
×
90年

不要忘記「生命的水桶」是有限的！！

「珍妮特法則」

　　19世紀的法國哲學家皮埃爾‧珍妮特，發現一個「對於人生時間的感受」的法則，稱為「珍妮特法則」。

　　為什麼隨著年紀愈來愈大，會覺得時間過得愈來愈快呢？這個法則就是用來說明這個問題。

對於1年時間的感受方式

　　對於50歲的人來說，1年的時間是人生長度的50分之1，但對於5歲的人來說，這是人生5分之1的長度。隨著活著的年歲增長，1年時間的相對長度會漸漸變得愈來愈短。這就是為什麼會覺得時間過得很快的原因。

因為是逐漸減少，所以不會察覺

　　假設人生有90年的話，就是24小時×365天×90年＝788,400小時。換算成788,400分之1的話，1小時真的是非常微不足道。而且時間是一點一滴地減少，所以不太會注意到，也不會認為是什麼重要的事物。因此我們很容易會覺得時間好像是無限的，每天懶散地生活。因為人類就是這樣的生物。

有限的「生命的水桶」

　　活著這件事，是從你所擁有的「生命的水桶」中，每天每小時每分每秒地持續取出水來。有限的水在每天、每小時、每分鐘、每秒都在持續減少。

　　如果能留意到「生命的水桶」的存在，不會想要馬上開始採取行動嗎？我想你應該會開始珍惜每天、每小時、每分鐘、每秒的時間吧。

一定要
訂下期限

沒有期限的話，不管到何時都不會結束。

帕金森定律

如果不決定繳交的期限或完成的期限，人類會把時間和金錢都使用到最大限度。

今天也好忙啊——

如果集中精神上午就能完成的工作

＝＝

不決定「在○點之前完成」的話就會花上一整天

＝＝

其他本來應該可以完成的工作就無法完成

首先，先決定期限！！
★ 要設定得比預期的時間更早一些

有個稱為「帕金森定律」的說法

由英國政治學家帕金森提出的定律，表示「工作的分量或是支出的金錢，會膨脹到給予的時間或收入金額的最大值」。簡單來說，就是「如果不訂定繳納期限或是完成期限，人類會把時間和金錢都使用到最大限度」。

沒有期限的話，不論到何時都不會結束

人會忍不住只做現在想做的事情，或是花上3小時的時間在原本集中精神的話只要30分鐘就能完成的事情上。

然後人會浪費時間在沒用的事情上，或是把錢花在不必要的地方，並且毫無自覺，很快地，就會變成總是把「好忙好忙」、「沒錢沒錢」當成口頭禪的人。

首先，先決定期限

所以，不管是什麼事，一開始先決定期限是非常重要的。

「期限」就如字面所述，是「日期的限制」。決定好期限後，自然會出現「必須在那個時間前完成才行」的意識。

而這個期限要設定得比預期「大概這時候可以完成吧」的時間稍微早一點。任何事都要保留一點餘裕。

暑假作業的期限

應該有許多人會在暑假要結束的最後3天，一口氣做完暑假作業吧？也就是說，只要集中精神的話，這些作業只要花3天就能完成。如果自己訂下「要在暑假第一個禮拜就完成」的期限並實行的話，這些令人在意的事就能在長假剛開始的階段完成，之後就可以盡情地花時間做自己真正想做的事。

如果你已經描繪出自己理想中的樣子，首先，就先確實寫下達成的日期吧。這也要設定得比自己所想的更早一些哦。

簡單的
「3個做」

3個「做」

馬上去做！　第1場比賽　VS　久張再做吧

一定要做！　第2場比賽　VS　辦得到再說

金錢　時間　環境

要做到盡己所能　第3場比賽　VS　我放棄啦

總之就是「去做」。

人生意外地沒什麼時間

如果了解這點，那除了「馬上去做」之外就沒別的了。
想要馬上開始展開行動、改變人生最重要的事，
就是下列這「3個做」。
　①馬上去做
　②一定要做
　③要做到盡己所能

如果反過來的話會怎麼樣呢？

之後再做吧 VS 馬上去做

把事情往後推延是不會有好事的。也可能會錯過時機而讓好不容易得到的機會溜走。為了不要有「如果那個時候……」的後悔心情，現在就必須馬上行動。

辦得到再說 VS 一定要做

就算想說「等備齊所有條件再來做」，但恐怕要備齊所有條件這種事本來就是不可能的。先開始行動，條件可以之後再來準備。

我放棄啦 VS 要做到盡己所能

在嘗試新的事物時通常都會伴隨著失敗。幾乎沒有一開始就能順利進行的事。而正因為如此，才更有挑戰的價值。如果在一開始碰到障礙就放棄的話，那麼絕對不可能成功的。

「我不是失敗，只是發現這樣做不會發光而已。」

這是發明電燈的愛迪生說過的名言。
正是因為不去嘗試的話什麼都不知道，所以總而言之就是「去做」。只有這樣才能走上通往成功的道路。重要的事都是非常簡單的事。

無法行動

先從提不起勁的事情開始

安排時程表的訣竅

不擅長的事
不太想做的事

從哪個開始？

開心的事
簡單的事

慢跑　讀書　作業　整理　打掃　問題　練習

玩遊戲　和朋友玩　吃飯　釣魚　看漫畫　上網　和寵物玩　買東西　吃點心

先從這些開始安排時間

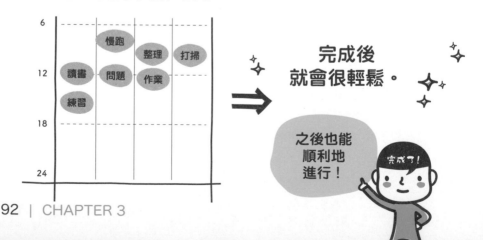

完成後
就會很輕鬆。

之後也能
順利地
進行！

完成了！

即使這麼說，人類還是懶惰的

就算提倡「3個做」，還是不太能有所行動對吧。

快樂的事會自己動起來

快樂的事、讓心情好的事、簡單的事，人類就會默默地開始進行。即使沒有深入地思考，身體也會自己動起來。所以，這些事交給你的身體和心靈就可以了。

安排時程表的訣竅

那就是，故意先從多少有點抗拒的事情開始安排。不可以從自己喜歡的事、容易做的事、似乎很有趣的事開始。首先，要先從最提不起幹勁、似乎很困難、不太想做的事情開始安排時程表。

先完成之後就會變得很輕鬆

先進行心情上多少會有點想拖延的事，完成這些事情後，就會產生自信，心情會變得更輕鬆，之後的時程表也能順利地進行。

所謂的今天，就是剩餘人生的第1天

我們要經常留意整個人生的時程表安排。

HINT
40

CHAPTER 3

分配好「優先順位」
讓自己動起來

應該先著手的是「真正必須做的事」

要做完
暑假作業！

來做吧！

真正必須做的事

暑假作業

想做的事

整理書桌
吃點心
玩遊戲

能做的事

打開課本

優先順序正確的人

搞錯優先順序的人

① 真正必須做的事

② 能做的事

③ 想做的事

輕輕鬆鬆！

＋

因為全部完成了
所以先預習
下學期的課業

① 想做的事

② 能做的事

③ 真正必須做的事

為什麼
每次都
這樣

花太多時間做
想要做的事
真正必須做的事做不完

因為從「真正必須做的事」開始做起，
所以能夠更接近理想的未來！

「為什麼你總是那麼忙碌？」

原因非常簡單，因為你的優先順序搞錯了。

你的行動模式是不是這樣呢？

- **從想做的事開始做**
- **只做能做到的事**
- **往後推延真正必須要做的事**

明明有應該要做的工作

卻還是忍不住玩遊戲、出門去玩。不過，當腦海中一直出現「那件事還沒做呢……不做不行啊」的想法時，不管在玩遊戲或出門玩，都會無法全心全意去享受。結果變得不上不下，真是浪費呢。

白白浪費「意志力」

最近透過腦部研究我們得知了某件事。當腦中一直有「那件事不做不行啊，這件事也還沒做完」的想法時，人類就不能將100%的能量用在某件事情上。白白地消耗了「意志力」。

意志力就是指「為了達成目標，讓大腦產生專注力的力量」。就算只是些微的小事，也會逐漸耗損意志力。

應該先著手的是，真正必須做的事

不是想要做的事、也不是能做到的事，真正必須做的事，是為了讓你能向自己描繪的未來＝理想更向前一步，現在你應該做的事。而那是什麼事呢？你自己應該是最清楚的人。

已經沒有時間了、已經太遲了。並非如此，正是因為時間有限，所以在你把意志力浪費在一些不必要的事情之前，現在馬上開始著手做真正必須做的事吧！

無法行動

將腦袋整理好，
讓自己動起來

什麼是**停車場理論**？

整理整頓
⬇
在腦中
留出空間
⬇
新的重點

OUT ← INPUT

首先，先將身邊、桌上、包包中整理好

效率提升

行動變得更簡單

⬇

腦海中也整理好了！！

沒辦法馬上行動的原因之一

我想就是你的頭腦裡沒有好好地整理出空間。人類會擅自將事物想像得很困難。這麼一來，行動就會變得很複雜。讓行動變得簡單一點，應該就能順利地動起來了。

請回想一下路上的停車場

因為車子會照著已經規畫好的格線排好，所以沒有什麼問題，各式各樣的車子都能進出。但如果大家沒有秩序地亂停一通，那麼不用多久，所有車子都會變得無法移動。

你的桌上或是頭腦中也是一樣的

如果有好好地整理整頓的話，不管是桌上、房間裡還是頭腦裡，都能夠產生空間。這樣一來，就能再接受新的INPUT資訊。

無法行動

將身邊、桌上、包包中都整理好

請從這件事開始試看看。這樣就不會再白白浪費時間，效率也會逐漸提升，而且行動也會變得更簡單。頭腦會受到身邊環境的影響，將身邊的事物都整理整頓好，腦中也整理好，如此就能夠更加輕鬆自在地採取行動。

發出宣言
並鞭策自己

發出宣言吧!!

營造出非做不可的狀況，
利用人類
「想在別人面前耍帥的心情」。

向身邊的人發出宣言！

為了能馬上開始行動，最後必須要做的事，就是「向身邊的人發出宣言」。

積極地說出來

「我要做這件事！」
「在什麼時候之前要完成！」
「我絕對要變成那樣！」

像這樣說出口，不停地傳達給家人、朋友、同事或上司等身邊的人。

鞭策自己

已經說出口的事就只能去做了。把自己逼進非行動不可的狀況裡吧。

這麼一來，
「不想被人家說我只是嘴巴講講而已。」
「不想被當成不守信用的人。」
「不想被認為是沒用的人。」

像這樣的心情就會激勵你奮發向上。

利用想要耍帥的心情

請好好利用自己會在意他人目光與想法的心情，還有「想要在他人面前耍帥」這種人類所擁有的特性吧。

無法行動

消滅不需要的資訊與壞習慣

絕不重蹈覆轍的訣竅

嗯，因為「遲到」這個概念已經從我的字典裡消失了。

OS君，你最近都沒有遲到了呢。

遲到？那是什麼？

讓「遲到」的概念消失 ＝ 就能持續「不遲到」的行動

你決定要「不這麼做」的事情是什麼呢？

某個人的有趣發言

有個人曾經說過一句很有趣的話。

「我自己想著不要再做的事情，我就會把它列成禁止事項。也就是讓『自己犯過許多次的失敗』，它的概念本身完全消失。」

你之所以不管怎麼做早上上班總是會遲到

是因為你心中仍然有「遲到」這個概念。如果將遲到這個概念從自己的人生中完全「消除」的話，遲到這件事本身就會消失了。他是這麼說的。要向自己及身邊的人發出宣言：「我人生的字典裡沒有遲到這件事。」

人類很容易被話語牽著走

日文中有「肩膀痛（肩こり）」這個詞彙，有許多人就覺得自己有肩膀痛的毛病。不過，英文中並沒有這種詞彙，所以在英語圈中，覺得肩膀痛的人似乎也很少。我們常說的「動力（motivation）」一詞也是，如果說出口的話就會覺得在意起來。但不管有沒有動力，我覺得只要「做應該去做的事」就好了。

下定決心斷絕，並持續行動。

下定決心要開始「不再遲到」。並持續進行「不再遲到」的行動。

你應該「消除」的概念、應該斷絕的事物、你為了達到設立的目的不需要的事物、不需要的資訊、壞習慣等等，有很多種類呢。

最後能說出「達成了！」而感到滿足的人生

我想就是從這些覺悟和行動中孕育而生的。

無法行動

在小鋼珠店排隊的人們，曾是出色的努力人才

我想你應該也曾經在街角看過這樣的景象，大清早經過小鋼珠（彈珠）店，就看到店前有10幾20幾人在排隊。排隊的人們，乍看之下外表都不太起眼、面無表情。

不過，與表情相反，他們的內心都雀躍地期待著店門會不會提早幾分鐘開。為了能在小鋼珠店得到大獎，他們會在前一天調整好身體狀態，想著要在天還沒亮時比誰都先到店裡來，並振奮精神來到這裡。

對他們來說，這和週末或平日沒有關係。他們也非常喜歡在假日出勤去小鋼珠店。會去的店也是，只要聽說很會中獎，不管是不是別的縣市，不論多麼遙遠、要花多少交通費，他們都會去出差。而且，交通費還是自己掏腰包。接著，當開店時間一到，自動門打開後，他們會爭先恐後地進入店內，專注地用自己的眼光判斷機台上的釘子，坐到自己中意的小鋼珠台前。

接下來他們馬上會進入「激情時間」。開始集中全部的注意力，瞄準鋼珠進入的孔洞，心無旁鶩到忘記時間，沉浸在自己的「工作」裡。在打小鋼珠的這段時間裡，腦內會釋放出大量的多巴胺等物質。這麼一來，連肚子也不會覺得餓。他們會午餐和晚餐都不吃，持續好幾個小時光是坐在那裡打小鋼珠。

這些人的出色之處，在於他們很熱中學習。他們事前會熟讀好幾本「小鋼珠攻略集」，將數據輸入腦海中。每個月每個月都

說不定打小鋼珠的高手
正是企業渴望的人才!?

在研究到底該如何提升小鋼珠的出珠率，即使只有一點點也好。然後，會在網路上搜尋新開幕的店家直到深夜，或是搜尋經常開出大獎的店家。因應狀況不同，他們也會不遺餘力地收集資訊，和小鋼珠夥伴的朋友或是認識的人聊天、傳訊息，詢問「最近有哪家店狀況很好」。

你看到這些被稱為「小鋼珠中毒」的人們，會覺得他們是沒用的人嗎？

不，其實剛好相反。你不覺得他們是非常出色的人嗎？

因為他們面對「自己想做的工作」，可以壓抑慾望到這種程度，而且心情相當雀躍，非常專注在做這件事。

假設替換掉「幹勁的開關」？

當然，會稱讚他們是出色的人，是指如果能將他們打小鋼珠的精神應用在具有產能的商業上的話。小鋼珠是一種娛樂性的賭博。到最後，最終的贏家始終都是小鋼珠店的老闆。就算多麼會打小鋼珠，也沒聽說過有人連勝到「蓋了自己的家」。即使聽到有人說「我今天贏了5萬、贏了10萬」，那也不是真的。人類在獲勝的時候只會講一些驕傲誇大的話，但可以肯定的是，他們其實已經輸了那個金額的10倍或100倍了。

這裡想告訴大家的，並不是打小鋼珠的人在這個社會上會被認為是沒用的人。而是如果能將這份熱情應用在商業上的話，不

管是誰都能瞬間變成頂尖的商務人士。

　　請試著想想看。
　　如果有個員工為了隔天的工作，從前一天就開始準備、分析數據、收集資訊、熟讀相關書籍、週末也想要工作、每天早上在公司開門前就排隊準備上班，這樣的員工沒有理由不成為公司的第一把交椅吧。

　　這就是把沒用的人轉換成頂尖商務人士的「小鋼珠高手理論」。當然，這只是單純拿小鋼珠來舉例。
　　像這樣，即使是沒用的人，只要做著喜歡的事並擁有目的，那麼不管是誰，都可能輕鬆地在一瞬間變成頂尖的商務人士。

　　也就是說，自己能夠多麼專注於喜歡的事、熱中於喜歡的事，能否享受眼前的工作，才是最重要的。因為唯有享受並擁有目標，才能夠湧出幹勁、提升續航力、增加生產力。

11 HINTS

給總是動搖的你

4
CHAPTER

HINT 44 | 化身成鳥，客觀地檢討自己

CHAPTER 4

後設認知
＝
從制高點俯瞰

可以看見
自己
和周遭

大家都
很辛苦呢

看啊！
不得了！

馬上就會
有大浪
襲來喔！

看著
遙遠的
未來

沒有察覺到的領域

察覺到的領域

我真不幸

沒有察覺到的領域

覺得只有自己不幸

提高後設認知的能力 ＝ 提高解決問題的能力

化身成鳥，客觀地全面審視！

為了不要動搖，最重要的就是「後設認知」

所謂「後設認知（Metacognition）」就是客觀地觀察自己，也可以說是「俯瞰」。「Meta」有「高階、在什麼之上」的意思。也就是說「像鳥一樣從較高的位置，客觀地認知自己或身邊的人的狀況」。

如果沒有客觀的視角，就無法正確地判斷事物

如果只看得見自己的身邊，那就會深信「只有自己是不幸的」或是「自己真幸福啊」，有可能會誤判現實的狀況。和「井底之蛙」一樣，沒有發現逼近的危機，要做些什麼的時候可能就太遲了。

如果爬上高樓的話

從高樓看到的景色看起來會完全不一樣。當我們將視線放在遠方的山上、往下看著只有米粒般大小的人們時，就會發現自己的煩惱或思考的範圍非常渺小，從而能獲得全新的觀點。

人生也是一樣。將視角放得更高，客觀地審視遙遠的未來，對於培養不會動搖的自己、打造理想的未來非常重要。

想過著更好的人生的話

不只是工作，在生活的每個場合中，都請多加留意並提高「後設認知的能力」。如果能夠提升這項能力的話，不管是大事或小事，都能沒有偏差地客觀審視，而且不論面對什麼狀況都能冷靜地做判斷。

以結果而言也能夠提高解決問題的能力

這麼一來，為了達成目的，現在應該優先進行的是什麼？問題點是什麼？認清問題的能力也會提升，以結果而言，也能夠培養出解決問題的能力。

總是動搖

化身成鳥，客觀地檢討自己　│

遠離依賴和誘惑，面對挑戰

天使 vs 惡魔的自己

自己想成為的樣子

後設認知
能夠冷靜觀察
4者的自己

天使！

為了讓天使獲勝
成為夥伴

VS

依賴

墮落

這裡！

有什麼不好了

帶你逐漸
接近理想的
天使

誘惑你
走向安逸的
惡魔

怎麼辦呢…

「後設認知的能力」能夠幫助你

讓天使獲勝，更加接近「自己想成為的樣子」。

每個人心中都有「天使的自己」和「惡魔的自己」

所謂「天使的自己」，是指能引導你更加接近你的理想，也就是「自己想成為的樣子」的天使。「惡魔的自己」則是指會誘惑你走向安逸的惡魔。

明明已經下定決心減重了

卻想說「給今天努力一整天的自己一些獎勵」而把手伸向甜點；每天重複著「明天再開始減肥就好了」；已經訂下目標要讓英文會話更加流利，卻常常因為「今天工作太多了」、「已經無法思考了」而將決定好的課題放置延宕……你是否也有很多次像這樣輸給惡魔誘惑的經驗呢？

兩個自己會不停地互相攻防

每個人心中的自己都在戰鬥著。然後，因為在兩端有著天使和惡魔，所以內心會動搖，就算好不容易為了接近理想的未來而設定了「目標」，還是會不小心搖搖晃晃地偏離軸心。

「後設認知的能力」能幫助你

「後設認知的能力」能夠讓你徹底客觀地審視現狀。為了達到「理想的自己」這個目的，必要的目標是什麼？與目的相比，現在自己的不足之處是什麼？而為了冷靜地判斷在你心中互相拉扯的天使與惡魔的低語，這個能力也是非常重要的。

讓天使獲勝，讓惡魔遠離

為了「目的」或「理想」，要讓支持你的天使勝出，將現實中的你引導向未來。為了不要陷入「依賴」或是「墮落」，必須讓惡魔的誘惑遠離。不管幾次都要努力和惡魔戰鬥。即使有輸了的時候，也要再次加強對「理想的自己」的想像，然後借助天使的力量繼續戰鬥下去。

總是動搖

HINT 46

CHAPTER 4

不要對自己說
「做不到的理由」

每個人都是說
「做不到的理由」的天才。

不知為何要拚命說藉口。
內容都是隨便創作出來的。
還要花許多力氣。

如果做了這個
就沒辦法做
那邊的工作了

沒有時間
所以做不到

自己
才是對的！

這樣會丟了
○○公司的工作
沒問題嗎？

反正我本來
就不適合！

＝

把這些力氣用在 **「總之必須做的事情」** 上吧。

首先，先將會說出「做不到
的理由」的嘴巴拉上拉鍊。

但是但是…

如果讓你說「做不到的理由」

我想任誰都會是天才。也有每天都可以舉出各種做不到的理由，說得好像很有道理一樣，讓上司和同事啞口無言的人。「我不是那種類型啦」「完全沒有時間所以沒辦法啦」「因為沒有錢所以還是放棄好了」。

條理分明且拼命說服

你是否也會這樣，忍不住高談闊論起自己做不到的理由、自己沒辦法馬上著手進行的理由呢？說到做不到的理由時，不知道為什麼人類隨便就有滿滿的創造力。都是周遭環境害的、都是某個人的錯，可以編造出好幾個故事。非常有趣對吧？

而且這種時候

不都會生氣或是固執己見嗎？在講話的時候會變得很熱，講完後突然就會覺得很疲累，甚至還會陷入自我嫌惡的情緒裡。這種事情重複發生得愈多次，就愈會讓幹勁消失，身體也會愈來愈難動起來。說不定是一種非常危險的能力。

用講那些「做不到的理由」的力氣，開始行動吧

若是有那麼多力氣去找「做不到、辦不到」的理由，那還不如把力氣花在「總之先做做看」這件事情上。如果能這麼做的話，你就能前進到一百步、甚至一千步遠。

今天，如果你發現自己打算列出做不到的理由的話，首先呼吸一次，然後試著把嘴巴閉緊，接著請安靜地採取行動。在你的身體裡，一定有什麼會變得不一樣。

總是動搖

擊退讓自己動搖的惡魔低語

打倒惡魔！！

惡魔 vs 天使

粉碎自己可能性的
5個負面口頭禪

=

惡魔的低語

惡魔很強

非常強

不要輸給惡魔的自己的誘惑！！

「粉碎自己可能性的5個負面口頭禪」

你知道那是什麼嗎？

你平常是不是也會不知不覺地說出這些話呢？

「但是……」

「可是……」

「反正……」

「如果是……」

「所以……」

這些話就是惡魔的自己對你的低語。

「會讓公司倒閉的『6不廢人』」

這種人到處都有。

你是否也變成老是說出這些話的人呢？

「我不會。」

「我不知道。」

「我不清楚。」

「我沒聽過。」

「我沒做過。」

「我不想做。」

這些也是心裡已經充滿惡魔的人會說的話。

打倒惡魔！

惡魔的話語是很強的。我們難以戰勝惡魔的誘惑，是因為惡魔誘惑的力量比天使更強大。打倒惡魔！你必須要灌注許多力量在這件事上。

總是動搖

HINT 48

CHAPTER 4

「吐」出負面的話，夢想就會跑走

看看「吐」這個字！

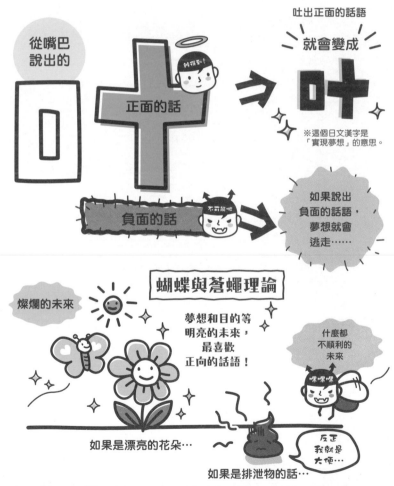

從嘴巴說出的

正面的話

純得到！

吐出正面的話語就會變成

叶

※這個日文漢字是「實現夢想」的意思。

負面的話

不可能吐

如果說出負面的話語，夢想就會逃走……

蝴蝶與蒼蠅理論

燦爛的未來

夢想和目的等明亮的未來，最喜歡正向的話語！

什麼都不順利的未來

喔喔喔

如果是漂亮的花朵…

如果是排泄物的話…

反正我就是大便…

蝴蝶和蒼蠅，你希望來的是哪個呢？

將「吐」這個字分解來看

就是一個口和＋（**正面的話**）和－（**負面的話**）。

你每天說出口的話語，對於你的影響其實比你想像中還要大很多。

你要說出＋（正面的話）還是－（負面的話）？

從說出的話語中消去－（負面）的東西，也就是**HINT47**（P112）中說過的惡魔的低語、藉口、抱怨、沒有幹勁的話語，只留下＋（正面）的話語，也就是天使的低語、積極正向的話，就會變成口和＋（正面）組合在一起。

口加上＋（正面的話），就是日文的「叶う（實現）」

從日文來看的話，就是能夠順利達成的意思。

這是你的未來。你應該想要過能做自己想做的事、夢想跟希望都能夠「實現」的人生吧。如果同樣要說話的話，那就每天都說些能讓夢想實現的積極話語、＋（正向）的話語吧。

「蝴蝶與蒼蠅理論」

夢想和目的、光明燦爛的未來最喜歡正向積極的話語和行動，討厭負面的話語和氣氛。漂亮的花朵就會吸引蝴蝶飛到它身邊來。但如果是排泄物的話，就會招來蒼蠅。不論是什麼，都會聚集到喜歡的東西旁邊。這就稱為「蝴蝶與蒼蠅理論」。

夢想會被自己吸引過來，真是太幸運了

這也稱為「吸引力法則」，像這樣的事情到處都在發生。如果總是說著開朗、充滿朝氣的話，並且精神奕奕，那麼夢想就會被你吸引過來，這真是太幸運了。

如果是你的話，會希望吸引什麼樣的東西過來呢？

將對未來的想像
印在腦海裡

在經常看得到的地方放上未來的樣子！！

將想成為的
想像樣子
具體呈現

逐漸讓大腦深信那就是現實

慢慢讓大腦
對夢想和希望產生錯覺！

大腦無法區分想像和現實

　　在 **HINT27**（P66）中，我們有說過大腦無法區分想像出來的事跟現實。讓大腦強烈且鮮明地去想像那個畫面，大腦就會產生錯覺，認為那是現實。

何謂烙印在大腦裡？

　　將大腦無法和現實有所區別的強烈想像烙印在腦海裡，最簡單且最確實的做法，就是寫成話語或描繪成圖像，每天不停不停地重複看。

　　請將自己想成為的樣子、「在某一天前要實現這件事」的目標畫成插圖，貼在牆壁上、設定為電腦的桌面或是手機的首頁畫面，讓自己每天每天、時時刻刻都能看到，然後輸入到腦海中。

若開始能夠有深刻的印象

　　漸漸地，大腦會開始認為這件事是現實，如果能變成這樣就太好了。

　　只要不斷地將你想要實現的未來理想樣貌烙印在腦海中，夢想就能夠一一實現。

讓大腦誤以為夢想或希望是現實吧

　　你也試著讓大腦對未來期望的模樣、夢想和希望產生錯覺吧。只要這麼做，你的未來就會確實地有所改變。除了試試看之外，沒有別的選擇了。

總是動搖

晚上睡覺前
對自己下咒語

要睡覺前所記下來的資訊是最容易記住的

| 帶著不好的想像入睡 | 帶著好的想像入睡 |

帶著不好的想像入睡：今天也錯誤百出被罵了…／明天也失敗的話怎麼辦…／部長明明沒有必要說成那樣…／啊啊，好累啊…／不想工作／明明不是只有我／夢到今天簡報又出錯了…／不想去上班／爛透了／不想起床／快點給我飯飯／雖然會去

帶著好的想像入睡：今天部長有支援我真是幫了大忙／部長好帥氣啊…／今天跟OS小姐講話了！太可愛了～／美好的一天／明天一個人試試看／試著找她去約會吧／好舒服／喵喵

最糟的起床時刻　　最棒的起床時刻

讓睡眠時間也變成自己的夥伴吧！！

在準備入睡前的10分鐘

你都會想些什麼事呢？

雖然睡眠時間因人而異，不過日本人的平均睡眠時間是7小時22分鐘（根據2018年OECD的數據），大概是7〜8小時左右。睡眠時間大約佔了人生的1/3。難得有這樣的時間，我們應該要好好利用。

在逐漸入睡的這段時間，腦部也持續活動著

在非快速動眼期睡眠時，會分泌讓細胞新陳代謝或抗老化的生長激素，也會進行提升自我治癒力、免疫力的作用，或是排出腦部的老廢物質，進行各種處理。而且，在非快速動眼期睡眠時，據說也會整理統合白天得到的所有資訊，並將必要的記憶固定在腦部。

睡覺前記憶下來的資訊

因為不太會和其他資訊混雜在一起，所以更好記憶。另外在準備要睡覺時所想像的事，似乎也很容易烙印在潛意識裡。在睡前想著「今天整天都好累、爛透了」入睡，和想著「今天真是最棒的一天！明天也要加油！」入睡，我想起床時的狀態會有很大的不同。

讓睡眠時間也變成自己的夥伴

每天睡前想像著什麼樣的事、抱持著什麼樣的心情入睡，對你的人生來說是非常重要的。帶著好的「想像」與「感情」入睡吧。為了能從早上就有積極正向的心情，請盡量在睡前把那天討厭的事都忘掉，只想像快樂的事和好事。

如此周而復始下去，你的人生也會逐漸充滿好事。

即使心動搖了，
也要返回初衷堅持下去

讓我們來看看「辛抱※」這個詞吧

※日文中「忍耐」的意思

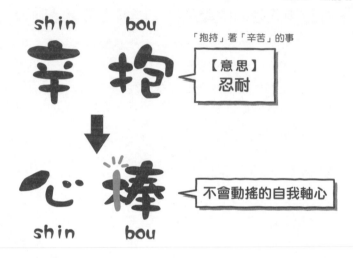

shin　bou

辛抱

「抱持」著「辛苦」的事

【意思】
忍耐

心棒

shin　bou

不會動搖的自我軸心

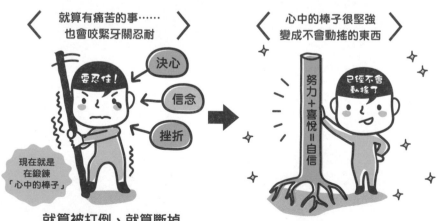

〈 就算有痛苦的事……
也會咬緊牙關忍耐 〉

要忍住！

決心

信念

挫折

現在就是
在鍛鍊
「心中的棒子」

〈 心中的棒子很堅強
變成不會動搖的東西 〉

努力＋喜悅＝自信

已經不會
動搖了

就算被打倒、就算斷掉
只要重新再立起來就好

「抱持著辛苦」縮寫就是「辛抱」

看到這個字就會讓人忍不住想要逃走對吧？即使翻找日文字典，也寫著辛抱就是「忍耐之意」。不覺得「一直持續著痛苦的狀態很討厭」而讓人有點畏縮嗎？

試著換成日文讀音相同的「心棒」如何呢？

你「心中的棒子」＝不會動搖的自我軸心，就是對於自己的自信。只要下定決心「我要在某個時候之前成為這樣的人，為了達到目標要持續做這些行動」，總是懷抱著信念，每天持續做下去，心中的棒子就會一點一點地變得粗壯且堅強。

就算有痛苦的事也要咬緊牙關忍耐

持續努力之後得到的喜悅，會成為你的自信，總有一天心棒就會變成在你心中不會動搖的自我軸心。在必須忍耐的時候，關鍵是能否認為自己現在是在「鍛鍊心中的棒子」、「在培養自己」。

不管重來幾次都可以

這就是「辛抱（忍耐）」。即使不斷地動搖再動搖，只要能返回自己的初衷，回想起自己「心中的棒子」，再從今天重新開始就好了。

這樣一來，每天都會擁有新的心中的棒子。只要能將之累積起來，像這樣持續良性的「辛抱（忍耐）」，你的「心棒」就會慢慢變成非常堅強的東西。

總是動搖

以「你的方式」培育「自我軸心」

培育心棒的方法

3 總有一天會長成枝葉茂密的高大樹木
＝
心棒

信念

變大變堅強吧～

1 找找看會覺得開心的種子！

2 充分給予養分和水

學習
經驗
努力

聽他人的話
閱讀
讀書會

找到會覺得開心的種子，並認真地培育！！

「心棒」就是「自我軸心」

就算發生任何事、就算陷入了多麼痛苦的狀況、就算你受了多少傷害、就算被逼到絕路，為了全力活出你自己的人生，然後度過幸福的人生，要花上一生去培育堅強的自我軸心。

請好好珍惜你的種子

你在做什麼事的時候是最快樂的？
你在做什麼事的時候會覺得自己最有活力？
如果你可以幫上他人的忙，會是什麼事呢？
你在表現出什麼樣子時，會被人說「很有你的風格」呢？

如果找到讓你覺得「就是這個！」的種子

請珍惜地培育這個種子。如果過程中覺得不是它的話，再找別的種子也沒關係。如果那是真正的種子，不管你在多麼艱難的情況下，都會好好地澆水、給予它養分，能夠好好地培育它。人類在做著覺得快樂的事情時，就完全不會覺得辛苦。

像是在栽培植物那樣，認真地培育

為此我們要努力不懈怠。對於這顆種子而言的水和養分，就是你去閱讀書本、參加讀書會、去找尊敬的人談話並聽取經驗，每天在生活中吸收和學習，努力且充滿熱情去做眼前所有的事情。

總有一天種子會發芽……

綠芽會不斷地伸長，成長成一棵樹。唯有你毫不懈怠地努力，它才會成長為一棵枝葉繁盛的強壯樹木。接著，總有一天，它會長成堅韌且不會動搖的大樹。

這棵樹就是你的信念。也就是強韌的「自我軸心」＝「心棒」。

以成長的3個方向
拓展自己的器量

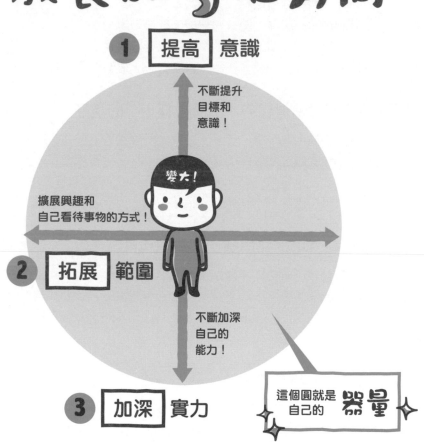

成長的 3 個方向

1 提高 意識

不斷提升
目標和
意識！

變大！

擴展興趣和
自己看待事物的方式！

2 拓展 範圍

不斷加深
自己的
能力！

3 加深 實力

這個圓就是
自己的 **器量**

平均地將箭頭延伸出去，
畫出又大又漂亮的圓吧！

成長的3個方向

如左頁圖所示，請將成長的座標放在3個方向上看看。

↑往上的箭頭是

代表提高自我意識、目標的指標。

而分別往左右兩邊的**←左箭頭**與**→右箭頭**

則是代表你的廣度。你對各種事物抱持興趣、並對事物抱持肯定的看法，就能拓展左右的範圍。

↓往下的箭頭

則是代表深度。你愈是加深自己所擁有的能力，這個箭頭就會變得愈長。

加把勁讓每個箭頭都延伸出去

箭頭延伸得愈出去，這些箭頭所連結起來的圓就會不斷變大。這個圓圈範圍的大小，就是你的「器量」。

如果你想要使自己成長，請留意這3個方向的箭頭，並試著行動看看。當你察覺到時，你的器量一定會變得比你想像中還要大上許多。

描繪一個又大又漂亮的圓

這個圓如果不是不規則的歪扭形狀，而是一個漂亮的圓就太好了。將自己的目標訂得高一些，擴展興趣、行動與交流的範圍，並增加自己的深度吧。只要均衡地拓展你的能力，你的器量＝圓圈，就能畫出又大又漂亮的圓。

痛苦的體驗醞釀成「人生的滋味」

人生滋味的不同就是人生的不同

被洶湧波濤磨練後的
鰹魚和昆布

能熬煮出
美味的高湯

花上繁瑣步驟或是
削去骨肉後辛勞的產物

人類在跨過痛苦與辛苦後
才能增加人生的滋味。

利用這樣生成的「你的滋味」
讓人生變得更美味吧！

這樣啊！

痛苦的
過去

辛勞

努力

挫折

變成人生滋味的元素

世界上最美味的滋味是？

「你覺得世界上最美味的滋味是什麼呢？」被這麼問的話你會怎麼回答呢？

　　　　　　我想是，人生的滋味。

不是嗎？每一個「人生的滋味」都不盡相同。會因不同人而有適合的滋味、不適合的滋味。不過，正因為每個人都有自己的味道，所以才有趣。大家都一樣的話應該會覺得膩吧。

滋味不同就是人生的不同

既然是自己的人生，應該誰都會想要做出好的滋味對吧？想做出好的滋味就跟做料理一樣，要確實熬煮出高湯。

經歷過痛苦的體驗後，你身為人類的深度就會增加。即使正處於痛苦當中時不了解，但事後想一想，「正因為有那樣痛苦的經驗，才能成就現在的我」有很多人都會這麼說。

鰹魚和昆布可以熬煮出美味的高湯

充分地在日光下曝曬、仔細地讓鮮味凝縮起來製作而成的鰹魚，或是在北方海岸被洶湧波濤拍打蹂躪過的昆布，還有人類都是一樣的。

熬過辛勞將自己培育得更堅強的人，人生的滋味就會增加。像這樣的人器量也很大，不僅會考慮自己的事，也會考慮身邊的人的幸福，如果別人遇到困難，他們也能伸出援手給予幫助。沒有辛勞過的人，力量也很微小，只能走在索然無味的人生道路上。

「寧可在年輕時受苦」

就是這個意思。在跨越苦難後得到的成熟滋味　　「你的滋味」，會讓你的人生更加美味豐富好幾倍。

總是動搖

痛苦的體驗醞釀成「人生的滋味」 ｜

為什麼有許多人會選擇墮落的果實呢？

　　人想要怎樣描繪自己的人生，有自己選擇的自由。根據這個自由的選擇，也就是具有主體性的判斷，人會讓自己的人生往好的方向去，或是自己往不好的方向墜落。

　　人生中經常會出現2個選項。將這2個選項以果實來說明的話，可以稱之為「機會果實」和「墮落果實」。機會果實看起來外表長滿了刺、很難剝開，似乎摸一下就會受傷。墮落果實的外表則是如蘋果般，看起來又甜又美味。「輕輕鬆鬆就能賺錢」像這樣的銷售話術，就像是有著甜美果實外表的墮落果實。「要成功的話必須努力」這樣的話語則是機會果實。

　　但是有許多人，明明大腦知道世界上沒這麼好的事，卻還是選擇了墮落果實。選擇墮落果實並不是本人的錯，身為人類這也是沒辦法的事。因為人類的本質就是健忘、容易生膩、想要安逸的生物。人類這種動物會追求快樂和安心，所以有大約9成的人都會選擇墮落的果實。

　　那麼，該怎麼做才能成為剩下這1成的人呢？人類在選擇某些東西的時候，心中常常會有兩個自己。天使的自己和惡魔的自己。以減肥為例，有為了瘦身而不斷努力的天使，還有會讓你輸給當下的誘惑而吃下美食的惡魔。而會一邊說著許多藉口一邊選擇墮落果實的，就是惡魔的自己。換句話說，為了選擇機會果

機會的果實與墮落的果實，你會選哪一個？

實，我們必須要鍛鍊自己的內心讓天使能夠獲勝。

選擇機會果實後，充滿荊棘的道路在等著你

那麼，讓天使的自己獲勝、選擇機會果實的人會變得如何呢？機會果實長滿了刺又很難剝開，在一邊受傷一邊拼命剝開的果實中到底有什麼呢？其實裡面什麼都沒有，中間空空如也。但是裡面有一些無法取代的東西。那就是自己成長後的模樣。

得到想要的東西時，那種喜悅會在一瞬間消失。不過，實現了那個目標的自己是無可取代的。機會果實的恩賜，就是在剝開果實的過程中得到的東西。

剝開機會果實是非常辛苦的工作。有可能會受傷，也可能會很花時間。身邊的人也會給你「這件事很辛苦哦」的忠告。但是「辛苦」這個詞在日文中寫作「大変」，「大変」這個詞，也可以寫作「大大的改變（大きく変わる）」。而「改變」在英文中的說法是CHANGE，這個CHANGE中藏著另一個單字，那就是CHANCE。CHANCE的果實就是CHANGE。而這就是機會果實真正的模樣。

選擇了墮落果實的惡魔的自己，是追求快樂與安心的「人類的本質」，因此不需要特別去訓練。因為人類是會自然而然選擇墮落果實的生物。正因為如此，為了選擇機會果實，我們必須加強訓練，讓天使能夠獲勝。

你的人生，你可以自由選擇

　　人生是由自己的「自由選擇」成就的。這是在自己心中的天使和惡魔戰鬥的結果，誰都沒有錯。選擇了機會果實，就代表要面臨許多辛苦的事。在拼命剝開這個果實的過程中，也有些必須要不斷「辛抱（忍耐）」的時候。但是，總有一天這個「辛抱」會變成你心中的棒子「心棒（自我軸心）」，讓你產生「自信」。

　　心中的軸或許一開始只是像Pocky一樣，那麼細一根。但是，只要在你心中建立起許多根心中的棒子，便不會碰到一些小事就折斷，而會成為你堅固的軸心。然後人就能初次實際體會到「成長」。身體內同時居住著天使和魔鬼是人類的天性。

　　你會憑藉著這個自由的意志，選擇機會的果實還是墮落的果實呢？

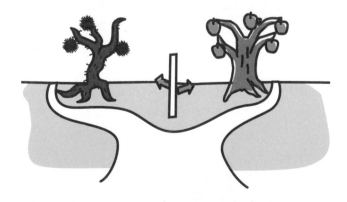

給無法持之以恆的你

知道的事和在做的事，產生的成果是不同的

透過正確的行動、正確的知識才會產生出成果。

「我知道我知道」

我知道

啊——我知道

不用聽也沒關係

我知道MAN

錯失學習新知、新發現的機會

那件事我聽說過，沒關係

「我認為我知道」

知道一些些

我認為MAN

聽會讓自己的成長停止的人所說的話

不論如何都認真去做！

正在做MAN

「認真地去做」

為了改變你的未來那是正確的行動嗎？

學習正確的知識，並持續採取正確的行動！

在這裡想傳達給你的是……

「知道的事情，跟現在正在做的事情，得出的成果是不同的」。

「我知道、我知道。」

有些人不會認真地去聽他人說的話或是新的知識。像這樣心不在焉地聽他人說話，是非常浪費的。甚至可以說這樣的人正失去許多機會，像是獲得新發現或是其他表現方式的機會、察覺事物本質的機會、開始行動的機會等。

「我認為我知道」真的相當可怕

因為這會讓你的成長停止。不管是什麼話都應該要謙虛地傾聽。因為我們不知道會在哪裡出現新的發現，或是讓自己更加提升的機會。對任何事情都抱持著好奇心，「如果是自己的話會怎麼樣呢？」請像這樣養成習慣，把任何事都當成自己的事情來看待。

「不只是知識，我正在採取行動喔」的人呢？

光這樣是不行的。因為「這到底是不是正確的行動」也是非常重要的。如果這個行動對於改變你的未來而言並不適當，那也只是在沒有計畫地胡亂行動而已，這樣毫無意義。光是得到「自己正在行動」的滿足感，永遠無法得到成果，最後什麼也不會改變。

正確的知識和正確的行動

只有擁有真正的知識，並持續採取正確的行動，最後才能得到成果。

不過沒關係。就從這個章節開始，讓我們記住持續採取行動的訣竅，交出一個個成果吧！你一定也做得到。

無法持續

平常做不到的事情，最後還是做不到

「在重要的場合時我就能做到」是錯的。

意外地好像可以！

內容沒有統整好啊…

熬夜一晚做出的資料

歪歪的領帶

領帶歪一邊…

皺皺的襯衫

髒髒的鞋子

※會被身邊的人識破！

沒有內化成自己的東西
這樣的事物也無法傳達給對方。

從平常開始養成**習慣**吧！

握拳

非做不可！

在學習持續良好行動的訣竅之前

還有一件希望你可以留意的事。

那就是「平常做不到的事，最後還是做不到」。

> 「在重要時刻再好好去做就可以了！」

有些人會這樣說。「雖然現在不太會做簡報，但我在客戶面前會好好地講」「雖然我平常都穿得很隨興，但在跑業務時會好好穿上西裝」「要開會的話我再做好資料提出就好了」「我在正式發表時很強，所以交給我吧」……。

這些事意外地騙不過他人

就算你自己認為不會在他人面前露出馬腳，但周遭的人其實全部都看穿了。平常做不到的事，在客戶面前也絕對不可能順利進行。如果只是整理一下樣子、將表面粉飾一下，輕輕鬆鬆就會被看穿了。這是因為這些行動並沒有變成你的習慣，在真正的意義上並沒有內化成「你自己的東西」。

沒有內化成自己的東西⋯⋯

如果沒有重複好幾次、以自己的話說出來，就算多麼會包裝表面，也無法觸動對方的心。平常沒有穿習慣的西裝，就算只在那個時候穿上也不一定會合身；平常沒有在做的資料，一時之間要做的話，會花上很多時間，而且說不定還會趕不上繳交資料的期限。

「平常做不到的事情，就算在重要的場合也不會順利」

請將這句話銘記在心，從現在這個瞬間開始多加留意，練習到能做到吧！

無法持續

找看看自己「沒有意識的行動」

人類的意識

五感、意思判斷
願望、選擇等

能有自覺的「意識」

顯意識
3～5%

97～95%

潛意識

沒有自覺的「意識」

記憶、思考、行動
人格、呼吸等
維持生命的意識

＝

這就是

習慣

首先，找找看
自己「沒有意識的行動」吧！

顯意識是？

在我們平常的生活中，自己能夠充分有所自覺的只有約3～5%的「意識」。

潛意識是？

就是指剩下的95～97%「無意識」。是自己無法有所意識也無法化為言語，朦朧不清的領域。我們的意識其實大部分都是由無意識的領域建構出來的。

無意識時的思考、行動就是「習慣」

也可以說是思考時的嗜好、從以前到現在都沒有改變的行動模式。其中或許也包含了性格上的特質。

因為這些行動、思考方式都已經變成理所當然的事，所以要是不這麼做的話，就會覺得不安或是感覺哪裡不太對勁。而且由於沒有意識到這些習慣，因此全部都是自己沒有注意到的行動或想法。

就算被別人說：「你有這樣的部分喔！」大多數人也會覺得「咦？我沒有做那種事啊……」。

成功的時候也不會察覺

就算向非常擅長業務工作的人詢問訣竅，對方說不定也只會回答「我只是做一些普通的事而已啊」。並不是他心懷惡意而故意不想告訴你，而是對方只是依照每天的習慣無意識地在行動，並藉此獲得成果。所以本人也不知道應該要怎麼說明會比較好。

首先，先對自己無意識的行動有所自覺吧

就從確實認識自己平常有意識採取的行動、無意識採取的行動開始吧。

無法持續

徹底審視自己的「好習慣」與「壞習慣」

只要改變習慣，人生就會有戲劇性的改變！

為了擁有你所期望的未來

　　正確的行動是很重要的。只有5%的有意識行動和95%的無意識行動，改變哪個可以獲得較大的成果？絕對是在佔比壓倒性較多的無意識行動下功夫會比較好，對吧？

改變習慣需要有很大的力量

　　如果打算要大幅改變自己的行動，只要在你超過90%的「無意識」中下功夫，讓正確的行動變成「習慣」就好了。而就算在行動當中，如果沒有去改變無意識下的行動＝習慣的話，人生就不會改變。也就是說，如果能夠改變「習慣」，你的人生就有可能發生戲劇性的改變。

習慣有分為好習慣和壞習慣

　　好習慣就是能對你的未來產生正面影響、能獲得你所追求的成果的行動。意識到好的習慣，使之進化成更好的習慣，就能夠應用在其他方面。也能夠當作更好的方法去教給其他人。

　　壞習慣則相反，這種行動會限制你的成長，在你打算前往更美好的未來時扯你後腿。

改變習慣的步驟

　　好習慣是無意識中進行的行動，所以就持續進行吧。重要的是，該如何控制自己的壞習慣。我們必須將壞習慣變成好習慣。而為了要有所改變，必須實踐以下的步驟：

　　　無意識（壞習慣）→意識→無意識（好習慣）

接下來就讓我們開始學習將壞習慣變成好習慣的訣竅吧。

無法持續

暫時拋掉
「自己的做法」

什麼是「守破離」？

忠實遵守老師的教誨，
並內化到自己身體裡。

> 捨棄自己的做法！！

> 老師教我的
>
> 阿土也有心

以老師教導的東西為基礎，
加上一些心思，
做成有自己風格的東西。

> 我的風格！

不會被框架侷限住，
能夠創造出
新的東西。

> 嶄新的風格！

如果能徹底做到「守」，
總有一天就能「突破」！！

你知道「守、破、離」嗎？

它出自於日本戰國時代～安土桃山時代的茶人千利休所歌詠的和歌「遵守規矩和做法，雖有突破和脫離，也不可忘本」。這句話在日本傳統技藝的領域中，已經成為磨練技藝時的規範，長久一來一直傳承下來。

「守」是指忠實遵守老師的教導和規範，徹底模仿，確實學習的階段。「破」是指也學習其他事物，在基礎上加上自己風格的改良，突破既有形式的階段。「離」則是指脫離老師的教誨，拓展學習的方向，創造出嶄新獨特的表現的階段。

要完完全全地複製幾乎是不可能的

關於「守」的訣竅，經常有人說必須要將自己的想法或做法全部排除，完美地模仿老師做出來的樣子。這非常地困難。大部分的人都會在稍微習慣之後，就開始以自己的感覺和想法為優先。但是要完全地複製是不可能的，因為每個人與生俱來的東西都不同。不論是體態、五官的樣子、聲音的音質、使用詞彙的方式，還有到目前為止走過的人生也都完全不同。

就算徹底追求「守」，也會自然達成「破」

我們不用硬是以「破」為目標。反而是沒有打算徹底實踐「守」的人，最後也無法達到「破」的境界。

確實專注在「守」上，若能理解真正意義上的訣竅，就能將之化為習慣。然後從習慣當中產生屬於自己的方法，像是「這裡再多這樣一點好像比較好」、「也試著挑戰這個吧」。

徹底實行看看將「守」完全內化到身體裡

我們總有一天會到達「破」的境界，所以一開始最重要的是從「守」開始。沒關係。只要在這裡沒有出錯的話，之後就會像被引導著一般，你的個性一定會自動開花結果。

無法持續

養成習慣的步驟①
學習新的知識，
對自己的行動有所自覺

養成習慣的步驟 1
「對無意識的行動有所自覺」

為了有所自覺的

行 動

- 照鏡子
- 拍攝影片
- 接受他人給予的回饋
- 學習

剛剛做了不好的行動！

為了有所自覺的

心

- 勇氣
- 謙虛
- 坦率

無意識薯片

客觀地審視自己，
理解行動的習慣吧。

沒有注意到是理所當然的

已經成為習慣的事，不管是好事還是壞事都是在無意識之中進行，所以自己也不會發現。如果想要改變些什麼，首先最重要的是，要確實在有意識的情況下對於自己無意識之中做的行動（壞習慣）有所自覺。

明明下定決心要減肥

結果早上要上班前經過便利商店一定會去買零食；明明已經訂下要讓英文能力變好的目標，結果回家後馬上躺在沙發上開始玩遊戲。你有這樣的習慣嗎？

首先請先從好好確認「自己每天在無意識中做了哪些行動？」、「有沒有會讓你遠離自己目的的習慣？」開始。

「對自己無意識的行動有所自覺」

我們必須吸收知識、客觀地審視自己、接受他人給予的反饋等，透過這些好好了解自己行動的習慣。如果覺得自己已經做到了，那麼成長就會停滯。要開始意識到 **HINT11**（P30）「周哈里窗」中那個「未知的窗」的自己（自己和他人都不知道的自己）。

為了有所自覺我們必須……

【行動】
　① 照鏡子、拍攝影片（為了對自己有客觀認知的行動）
　② 接受他人給予的回饋（藉由他人的眼睛和手）
　③ 學習（閱讀或是吸收新知）

【心理狀態】
　① 勇氣（例如站上體重計等，客觀審視自己的勇氣）
　② 謙虛
　③ 坦率

無法持續

養成習慣的步驟②

保持意識，讓自己
進入能夠行動的狀態

養成習慣的步驟 **2**
「保持意識，讓自己進入
能夠行動的狀態」

還不習慣
但總之先做！

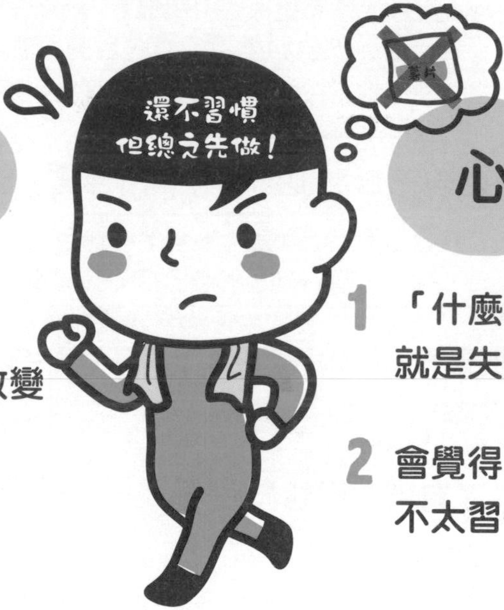

行 動

1 進行3個做

2 做出很大的改變

3 發出宣言

心

1 「什麼都不做」
就是失敗

2 會覺得
不太習慣

壞習慣 ➡ 思考看看嶄新的
具體行動吧。

你能夠確實對自己的壞習慣有所自覺嗎？

　　「自己還是不小心做了這件事」像這樣已經有所自覺的習慣，如果還是會在無意識之下做出來，那就只能採取行動，有意識地把這個習慣改掉了。「還是不小心做了」這種無意識的習慣非常強勢，因此若是沒有深刻地意識到這個行動並執行它，就會輸給無意識的習慣。

 「保持意識，讓自己進入能夠行動的狀態」

　　為了做到這點，我們要採取具體的行動。雖然要養成習慣之前會面臨很厚很高的牆，但只要持續進行具體的行動，就能夠突破那座牆。

　　例如，針對**HINT60**（P142）的壞習慣，我們可以在1週內帶3次自己做的便當，那幾天就不要經過便利商店；報名在網路上和美國人練習英語對話的講座，在家裡上課，採取類似這樣的行動。請試著想想看能夠取代你的壞習慣的嶄新具體行動吧。

 必須保持意識的事有……

【行動】
　　① 進行3個做（馬上去做、一定要做、要做到盡己所能）參考
　　　HINT38（P90）
　　② 做出很大的改變（會覺得不太習慣的程度最剛好）
　　③ 發出宣言（逼迫自己行動）參考**HINT42**（P98）

【心理狀態】
　　① 什麼都不做的話就是失敗，會產生風險
　　② 覺得有點不習慣是理所當然的

無法持續

養成習慣的步驟③

好好去做已經決定好的事，並確認檢查

養成習慣的步驟 3

「好好地持續進行，並確認檢查」

做紀錄並確認

早上6點起床
量體重
慢跑
喝2L的水
打掃廁所

有沒有做到呢？

= 保持意識並採取行動
= 烙印在潛意識裡
= 變成「習慣」

重要的是

● 「馬上」開始做
● 遵守和自己的小小約定

行動會在3週後變成「習慣」。
而花上半年，想事情的習慣和思考也會改變！
思考改變的話，行動也會改變！

如果決定好要保持意識並採取行動

之後只要每天堅持不懈地進行下去就行了。

到那時你必須要有的東西，就是在**HINT38**（P90）中學過的「馬上去做」的行動力，還有在**HINT8**（P24）中說過，全心全意持續「遵守和自己的小小約定」的努力。

在做到的那天畫上圈，沒做到的那天畫上叉

將你決定好要做的事做成表格並開始記錄。不需要太過著急，不斷地重複並持續下去。像這樣意識到要做的事並採取行動，每天持續下去，這件事就會逐漸烙印在你的潛意識裡，總有一天會變成無意識下也能採取的行動。而且這會變成不易改變的事物，能夠內化為你的「習慣」。

三天打魚兩天曬網也沒關係

不要放棄，再從今天開始吧。重複行動好幾次，把它烙印在潛意識裡，以養成習慣為目標吧。

人類有意識的行動，可以在3個禮拜後變成習慣

將房間整理乾淨、努力唸書等，這些事都適用這個道理。做肌力訓練或早起早睡等，養成與身體有關的習慣，據說要花上3個月左右。此外，如果是你想事情的習慣或思考方式，大概花上半年的話就可以開始有所改變。

如果連思考方式都改變的話，那麼行動一定也能自動跟著改變

如果還是覺得很難持續下去的人，請翻到下一頁。我會告訴你持續下去的訣竅。

無法持續

養成習慣的步驟④
想出能讓自己
變開心的「策略」

養成習慣的步驟 **4**
「想出能讓自己雀躍不已的『策略』！」

人類沒有辦法持續做痛苦的事，
即使能持續下去，習慣之後又會慢慢覺得膩了。

要買
好看的
衣服！

高級
燒肉

變瘦的話
想做的事！

為了能持續進行的

為了能持續進行的

行 動

心

1 想辦法讓自己
樂在其中

2 讓身邊的人一
起參與

跟OS小姐
告白！

1 不要很痛苦地
拚命努力

2 不要認為
很輕鬆

3 就算三天打魚
兩天曬網
只要再重新進行
就不算失敗

能想出多少讓自己
雀躍不已的對策呢？

策動潛意識

　　將壞習慣轉變為好習慣。如果能實現這步的話，我想你的人生就會大幅地往好的方向改變。

想想能讓你感到雀躍的策略

　　要將新的行動轉化為習慣需要花上一段時間。而無法持續做痛苦的事，本來就是人類的特性。

　　為了可以持續行動一直到養成習慣為止，關鍵就在於能想出多少讓自己覺得興奮不已的「策略」。第一次嘗試的事情可能會覺得有些不安、緊張，但也會充滿著期待感，所以可以不斷持續下去。打遊戲也是剛開始時會最熱中。不過，慢慢習慣之後就會因為沒那麼有趣而開始覺得膩。

找到夥伴，彼此互相激勵、達成目標

　　達成目標的話，可以為自己準備一點小獎勵。能讓你覺得「好開心！」的事、似乎能得到快樂的事，什麼都可以。想想能讓自己堅持下去、有點快樂的「策略」，並花心思讓自己不會覺得膩，盡最大的努力讓自己樂在其中吧。

為了讓自己樂在其中……

【行動】
① 想辦法讓自己樂在其中（什麼事都可以，能讓自己發笑的事也行）
② 讓身邊的人一起參與（和夥伴一起堅持下去吧）

【心理狀態】
① 不要用盡全力去挑戰
② 不要認為輕鬆就能學會（要花時間一點一滴地做）
③ 就算三天打魚兩天曬網也要重新開始（沒有放棄就不算是失敗）

無法持續

養成誰都能看出來的好習慣

什麼是看得出來的好習慣？

打招呼　遵守約定　禮貌

⇩

明明是很重要的事，但能做到的成人卻很少。

正因如此，只要
用心在最基本的事情上
持續努力之後，

**你的評價就會
上升！**

非常感謝你！！

想被誇獎！

這個人會
好好打招呼呢…

「養成看得出來的好習慣」

這是能讓自己持續下去的一個手段。人類這種生物，只要被誇獎或是被認可，心情就會很好。所以這可能是能持續下去的一大要素。

如果有人問：「你覺得打招呼重要嗎？」

大概幾乎100%的人都會回答很重要吧。日本人從小時候就把許多重要的事情當作理所當然的事來教導。

話雖如此，卻有很多人做不到

奇怪的是在這個世上，這些理所當然的事卻意外地不被重視。明明應該是每個人都覺得很重要的事，但到處都有無法守時、不會好好打招呼、行為沒有禮貌的人。

幼稚園的小朋友或小學生都會很有精神地打招呼，但隨著年紀增長，變成國中生、高中生以後，打招呼都變得很沒有精神，變成成人後聲音更是小到不行。

正因如此，這就是機會

如果你用心在打招呼這類基本的事情上，並好好地持續進行，做不到的人愈多，你的存在就會變得愈突出。「這個人會好好打招呼呢」像這樣得到他人評價的機率也會上升。

馬上就能得到成果

嗯，如果你覺得被騙了，不如從下一頁之後介紹的「重建的3個原則」、「打招呼」、「聽人說話時的姿態」開始養成習慣試試吧？

無法持續

習慣的訣竅
「重建的3個原則」

重建的3個原則

三、	二、	一、
端正禮儀	**整理環境**	**遵守時間**
有禮貌地打招呼	花心思整理整頓身邊的環境	留意隨時都要提前10分鐘行動

早安！

總是整理乾淨

先查好下一個資訊

就從簡單就能做到的事情開始試試吧！

何謂「重建的3原則」？

這是由日本教育家與哲學家森信三所提倡，重建職場或學校秩序時必須遵守的3個原則，是很有名的一段話。

遵守時間、整理環境、端正禮儀

「遵守時間」就是守時

如果能夠提前10分鐘到達現場，一邊調整好心情一邊等待是最好的。看似簡單，但無法遵守的人卻非常多。

「整理環境」就是整理整頓身邊的事物

也就是花心思仔細打掃乾淨。不只是外在，若能從心裡開始整理乾淨，就能夠獲得新的發現。

「端正禮儀」指的是打招呼和禮貌

小時候可以大聲地打招呼，但長大成人後卻做不到的人真的很多呢。

在1990年代的紐約市

以喬治・凱林（George L. Kelling）所提出的「破窗效應」為基礎而實行的政策（清除地下鐵的塗鴉、取締逃票、清理城鎮的垃圾等），讓整個城市的治安變得更好，這正是說明了「整理環境，甚至會改變人們的心情或是行動」的典範。

這3個原則也是養成習慣的訣竅

想要養成良好的習慣時，關鍵在於要從理所當然的事情、簡單就能做到的事情開始修正。

「不知道該從什麼開始做起」的人，請從早晨在學校或職場，用充滿活力的聲音向大家打招呼開始嘗試看看。

看似簡單的「打招呼」才是最難的

很多日本人以為自己知道但其實不知道

打招呼

「挨拶」的意思

會寫嗎?

有很多日本人
寫不出來呢

（自己的）

打開 ❤ 靠近（對方）

確認

是夥伴

不是敵人

想要增進感情！

啪鏘一！

喔？
好像
不是壞人…

比誰都更有朝氣地打招呼吧！

從「打招呼」這麼簡單的事開始？

　　或許你會這麼覺得。不過，請稍微觀察看看身邊的人吧。你早上去學校或職場時，有多少人可以很大聲地、以充滿朝氣的感覺和大家打招呼？大家都是在嘴裡小聲含糊地說，或是稍微點個頭就馬上坐到位子上對吧？

你知道「打招呼」真正的意思嗎？

　　打招呼在日文中寫成「挨拶」。
　　而「挨」和「拶」分別有著什麼樣的含意呢？
　　「挨」指的是「打開（挨く）」的意思。
　　「拶」指的是「靠近（拶る）」的意思。
　　「打開」是指打開自己的心。
　　「靠近」則是指靠近對方的心。走近對方的意思。

打招呼是所有人際關係的基本

　　也可以說是溝通的基本。首先要由自己敞開心扉，所有的關係都是從這裡開始。接著由自己慢慢接近對方好幾次。這就是打招呼的意義。

動物打招呼的條件是……

　　是不是同一個種族的同伴、是否屬於同一個群體。就像人類和猴子不會互相打招呼，而你也不會隨便跟在電車上遇到的某個人打招呼吧。「打招呼」也有確認對方是同伴而不是敵人的意義。

打招呼有著很重要的含意

　　如果你能比誰都更有朝氣地打招呼的話，那就會成為你很重要的武器。

無法持續

聽人說話時的姿態

聽人說話時的姿態

嗯嗯
所以？

無意識的習慣

嗚哇──
好挫折啊…

……可以稍微
聊一下嗎？

那個…
關於明天的
工作…

聽人說話的時候……

● 看著對方
● 保持良好的姿態
● 一邊點頭回應
● 保持笑容
● 聽到最後
● 做筆記

這個人
很專心地
聽我說話呢！

如果讓對方有好印象
說不定會有
好的際遇！

我正在聽喔

關於聽人說話的姿態

　　曾經有這樣一個實驗。讓兩個坐在隔壁的人故意用最糟糕的姿態聽人說話，去體驗如果互相被對方用這種態度對待時，心情會變得如何、會有什麼感受。在態度不好的人面前，人會變得畏畏縮縮，而且也無法發揮出本來應有的表現。

本人可能沒有注意到

　　把腳往前伸然後整個人斜斜地靠在椅子上、看向其他地方、雙手抱胸、一直在用手機……擺出這種態度，讓說話的人感覺不快，這樣的人其實意外地很多。這是在無意識中做的壞習慣，但本人並沒有留意到這樣會帶給人這麼不好的印象。

要留意聽人說話時的姿態

- 看著對方
- 保持良好的姿態
- 一邊點頭回應
- 保持笑容
- 聽到最後
- 做筆記

　　這麼做的話，對方會覺得很容易與你交談，對你留下親切的印象。

如果想要讓自己的未來變得更好的話

　　和對你的夢想有同感且願意幫助你的人相遇，會是非常大的助力。為了能夠碰到美好的際遇，給人好印象這點也是非常重要的。如果有在無意識之中會給人壞印象的習慣，努力地改變它同樣也非常重要。

無法持續

真正的樂趣在「經過重重困難的前方」等著你

「一開始看不到真正的樂趣」

唯有在跨越了痛苦的事之後，才會有樂趣。
你不想品嘗看看那種滋味嗎？

馬拉松看起來好像很痛苦

　　然而據說跑者們在長時間的持續奔跑中，會慢慢感覺不到痛苦，然後進入快樂得不得了的恍惚狀態中。也就是所謂的「Runner's High」。據說這是身體裡生成一種稱為腦內啡的物質而引起的現象。

即使很痛苦也不放棄，堅持下去跨越困難後

　　就會慢慢變得開心起來，這樣的道理也有其他例子。

　　假設有個想要變得更會踢足球的少年，每天都一個勁地做不讓球落到地上的練習。如果他覺得每天一成不變的練習很無聊而放棄的話，那他就不會出場參加比賽，或許一輩子都無法感受到足球的樂趣了。

如果一直努力地進行基礎訓練的話？

　　如果不讓球落地的技術變得更好，控球技巧也變得更高超，說不定就會碰到出場比賽的機會。如果比賽後獲得了成果，那麼他就會進入覺得足球有趣得不得了的境界。

　　登山也是一樣的。一開始都非常痛苦，但只要努力不懈地繼續攀登，就能看到只有抵達山頂的人才能欣賞到的美麗景色。人生也是一樣。

就算一開始什麼都不知道

　　但只要持續進行下去，就能慢慢看到事物的本質。也就是說，「一開始是看不到事物真正的樂趣的」。

　　不過這和能否堅持不懈直到抵達事物的本質息息相關。雖然跨越困難非常痛苦，但正因為很痛苦，前方才會有樂趣在等著你。

　　在抵達終點前該如何享受過程，這或許是永遠的課題呢。

真正的樂趣在「經過重重困難的前方」等著你 ｜

跨越過的牆愈高
「獲得的價值感」也愈大

「價值感」是無法輕易獲得的。

轟隆隆隆隆隆…

嘿嘿嘿
放棄吧！

好強…
太強了

在遊戲中，
勇者為了打倒大魔王
會到處去旅行，慢慢提升
自己的等級，並存錢強化
自己的裝備等等，
非常辛苦。

贏了！

Fin.

正因為如此，
打倒魔王時的

成就感＝價值

是非常巨大的。

「改變習慣」雖然很辛苦，但成果也很豐碩！
想不想像玩遊戲一樣挑戰看看呢？

「價值感」是什麼意思？

那就是有沒有「做某件事的意義」的意思。

如果是輕鬆就能達成的事，或是輕鬆就能得到的東西，那就沒有去做的價值。當好不容易跨越了高牆時、原本無法繼續下去的事變得能夠繼續時、花了金錢和時間辛辛苦苦才獲得時，人就會覺得「有去做這件事的價值」、「做這件事是有意義的」。

重點是無法輕易獲得

如果是輕輕鬆鬆得到的東西，人們最後都不會珍惜。

即使去做些你已經能做到的事情，你應該也無法從中感受到價值感吧。只有在「強敵」之中才會有樂趣存在。

為什麼會覺得遊戲很有趣？

不會讓人覺得膩的遊戲，會接二連三地出現強敵擋在自己面前，要打倒這些敵人非常困難。正因為如此，在度過這些難關打倒敵人時，就會覺得很有成就感。容易覺得膩的遊戲，從一開始對方就很弱，輕輕鬆鬆就能打倒。人們會覺得這種東西很無聊。快樂與有趣正是這樣的事物。

「改變習慣」是非常困難的事

我們必須要花相當多的心思，讓我們對於改變習慣的行動不覺得膩，能夠持續下去。不過正因為如此，才可以得到豐碩的成果。你不覺得很有挑戰的價值嗎？

所有事都是從自己開始

能創造出最棒
未來的是自己

從自己開始！

好的行動

好的習慣

讓自己 改變

好的話語

好的思考

讓周遭改變

最棒的未來
已經來到你身邊！

如果大人或上司能夠好好行動的話

那麼小孩子或部下們也會模仿，成為能夠好好行動的人。就算不是小孩子，一個人會仔細觀察其他人的優點（同時也會看到缺點），互相影響對方。

你自己也受到身邊事物很大的影響

與此同時，在你身邊也會有很多人因為你的行動而受到好的影響或是壞的影響。也就是說，如果你積極地去做許多好的行動，那你身邊的人也一定會被這些行動觸發而開始改變。好的事情會像水的波紋般擴散開來。

全部都是由你開始

我們在此之前所說的所有祕訣，都是為了讓你有所行動，並不是期待誰來做些什麼，也不是依賴他人為你做些什麼，而是你自己應該開始去做的事。

在你眼中看到的「自己」改變了，（在你眼中的其他人看來）你改變了。而當你改變之後，（你身邊的）每個人也會開始改變。變化的順序是先從自己開始。

在你身上有著那樣的力量

如果是閱讀本書到這裡的你，一定會讓你自己動起來，讓身邊的人動起來，並讓整個世界動起來。

這是因為，即使只是稍微實行一些書中所寫的事，嘗試採取行動的你，一定已經確實獲得了自己思考、做判斷、採取行動的力量。

讓你擁有最棒未來的人，就是你自己

你誕生在這個世界上一定是有意義的。仔細找出那個意義，之後一定就能夠自己打造出最棒的未來。

無法持續

如果是遊戲的話就會沉迷到早上

就算是覺得工作很痛苦、每天都很不開心的人，也有許多人在玩角色扮演遊戲（RPG）時，會進入無我的境界，埋頭在遊戲中一直玩下去。等到回神時都已經天亮了，還因為玩到停不下來而經常被父母責罵，我想誰都有過這種經驗吧？

玩遊戲的時候都會快樂得不得了。這是為什麼呢？

這是因為你非常投入在那個角色扮演遊戲的世界裡。在玩遊戲的時候，可以把自己當作主角，盡情地在遊戲中活躍。

玩遊戲就彷彿是自己在冒險一樣，在千鈞一髮之際的可怕、無法順利進行時的後悔、和夥伴一起戰鬥時的高昂等等，心中會不斷燃起雀躍感和緊張感，所以不管玩多久，這種興奮感都不會冷卻。

而且隨著遊戲的進行，你會很想知道接下來會發生什麼事。為了前進到下一個關卡，主角必須讓自己升級。為了升級必須經過許多挑戰。盔甲和武器也要配合主角的成長逐漸更換。遊戲中為你準備了像這樣一邊打倒強敵一邊成長的過程。

如果是一個人無法打敗的敵人，主角會和夥伴們並肩作戰。主角會到處召集不同類型的夥伴，和這些夥伴在爭吵間加深彼此的羈絆，一起繼續冒險。和夥伴們一起達成共同的理想願景，正是角色扮演遊戲的有趣之處。

真正的人生肯定比遊戲更有趣

其實真正的人生一定會比遊戲還要更加有趣、更讓你覺得雀

覺得角色扮演遊戲很有趣 是因為自己就是主角

躍不已。為什麼呢？因為你的人生不是誰幫你編排好、為你準備好的東西。

這是專屬於你的個人原創故事。不管要重新修改編程幾次都可以，是獨一無二的內容。只要你想要認真地以自己為主角，活出自己的人生，那你就能自己創作內容。

但是，遊戲只要關掉的話，要回到同一個場面幾次都可以，而人生則是時間過了後，就再也無法回到那個時間的地點了。無法像遊戲那樣輕輕鬆鬆就能夠重新來過。或許同樣的機會不會再來第二次了。不過，這正是人生的絕妙之處。如果覺得只要按下一個按鍵，人生要重來幾次都可以，那麼人就不會認真面對活著這件事了。

不要忘記在人生中「你才是主角」

人生不像角色扮演遊戲那樣可以簡單地操控，但我們能夠從遊戲中學習到某些事。那就是就算失敗了，只要回顧過去的經驗從中學習，並想想該如何加以改良，就能夠去嘗試新的挑戰。

將這個意義套用到人生的話，就算不能回到同一個地點，我們也能夠開始無數次新的挑戰。即使你因為碰壁而一度放棄，也能夠像「重新打開上次沒辦法過關而暫時關掉的遊戲」一樣，只要某天按下開關，再次開始你的遊戲（人生）就好了。

史蒂分‧柯維在世界各地暢銷的著作《與成功有約：高效能人士的七個習慣》中，所提到的第一個習慣是「主動積極」。也

就是說，「自己的人生應該由自己決定，自己負起責任」。他在書中表示，如果沒辦法做到這點的話，那其他6個習慣也會無法做到。

　　所有的重點就在於，能否將自己的人生當作是自己的人生來安排規劃。

　　和「在遊戲世界中把自己當作主角享受」相比起來，在現實生活中把自己當作主角並負起責任生存下去，確實嚴峻許多。我也明白各位難以面對人生的那種心情。因為人生並沒有所謂的正確解答。

　　不過，即使在遊戲中，一味逃走的話是不會發生任何好事的。現實世界也是一樣。只有鼓起勇氣展開行動，才會有真正的成長，才能品嘗到真正的雀躍和緊張，才能得到真正的幸福。

　　如果你開始認真地過自己的人生，一定會過著比遊戲更加有趣的每一天。如果你還沒有這樣的想法，那你可以先以玩角色扮演遊戲的感覺來過每一天看看。將解決眼前的困難、自己開始有所成長的過程當成遊戲一樣，試著享受它。

　　只要不忘記自己是「主角」並努力度過人生，一定會在這個過程中發現自己開始熱中於人生。

10 HINTS

享受工作

「快樂」和「享受」是不同的

「快樂」和「享受」

快樂 從外部獲得的事物
= 有限

依做法不同，多少都會產生「快樂」

耶～

痛苦的事也會變成「享受」
= 知道真正的快樂

享受 自己花心思創造出來的事物
= 無限

「快樂」和「享受」是不一樣的

在我們針對「工作」進行討論之前，你知道「快樂」和「享受」的差異嗎？這兩個詞彙看起來很像，其實不太一樣。

「快樂」是從外部獲得的事物

「快樂」是你對存在於外部的東西所產生的感受，所以「快樂」是有限的。如果讓你覺得快樂的對象消失了，那這種感情就會消失。或許就像是興奮劑一類的東西。

「享受」是自己花心思創造出來的事物

因為是你自己創造出來的，所以「享受」是無限的。無論時代改變或是環境改變，只要你能夠想辦法讓自己打從心底享受的話，那麼就連痛苦的事也都能夠轉化為「享受」。一切都取決於你自己。

任何事物，在一開始都無法看到「樂趣」

如果是一開始就覺得喜歡的事物，那麼馬上就能感受到「樂趣」。但光是這樣，也有可能某天就覺得膩了。

為了自己掌握住未來，過程中也會發生一些痛苦的事。這個時候，只要專心一意地持續進行**HINT59**（P140）中「守破離」的「守」，最後就能看見事物的「本質」。只要能看到本質，就能夠慢慢累積自己風格的做法。這麼一來，就能在真正的意義上，慢慢開始「享受」事物。

跨越痛苦後，前方會出現真正的「樂趣」

以棒球為例，專心地持續練習揮棒1000次，或許是很痛苦的練習，但是只要每天持續練習，就能獲得打出全壘打的實力，也可以在比賽中有活躍的表現。然後，你就能知道打棒球真正的「樂趣」了。

特典篇章

為了什麼
而工作？

「工作」
在人生中佔了很大的比例

所以，要讓工作時間變得幸福。

「為了什麼而工作？」

如果被這麼問的話，你會怎麼回答呢？

「因為想要金錢」「因為大學畢業了」「因為大家都那樣做」「因為父母這麼說」，應該會有很多種回答，但意料之外的是沒有什麼明確的答案。

「為了生存，所以需要金錢。」

如果再繼續追問下去的話，有很多人會這樣回答。不論是剛開始工作的新進員工，或是已經工作很久的老鳥，這都是最大的理由。

人生之中，「工作」佔了很大的比例

對很多人來說，人生中有件事佔了非常大的比重，那就是工作。如果工作不能順利進行的話，就連私人生活也會在不知不覺間壟罩上陰影，反之，如果私人生活很充實的話，對工作也會有好的影響。

「工作」這個行為，不論是在精神上或是肉體上，就連物理上的時間當中，都會對你造成很大的影響，工作佔了非常多的時間。

你想不想讓工作時間變得更幸福呢？

就算想把私人生活跟工作完全分開來，也很難做到。這兩方面都會互相影響，因此沒有辦法完全切割開來也是理所當然的事。

所以在工作時，也要盡情地享受，獲得充實的時光以及活著的真實感。

特典篇章

透過「工作」讓自己成長

何謂「自主※」?

※日文為「自立」

獨當一面!

身體自主
現在**健康**嗎?

經濟自主
經濟獨立了嗎?

技術自主
能做到**超過薪水的工作**嗎?

讓自己「站起來」

相反地

站不起來

依賴

不能用自己的雙腳站起來,到處有破綻。

働く＝人動起來

(工作)

＝成人

「工作」是成人的第一步。

人從什麼時候開始可以稱為「成人」？

在成人式過後嗎？還是開始一個人生活就算是成人了？

成人其實和年齡與生活環境的變化無關。所謂的長大成人，是以「是否能夠自主生活」來判斷。「自主（註：日文為自立）」如字面上的意思，指的是用自己的腳站起來。用自己的雙腳站在社會的洪流之中並生存下去。

「自主」的相反就是「依賴」

只要依賴著某個人或是依賴著某個事物，就不是以自己的雙腳站立，因此當失去依賴的東西時，人就會倒下。要是失去依賴的東西就會覺得很痛苦。像這樣的人，如果有什麼不順利的事，就會開始認為是依賴的事物或某人的錯。

不論是戀愛或人際關係，都會讓被依賴的一方感到沉重。這麼一來平衡就很容易崩壞，關係也會走向破裂。所以如果要有更好的戀愛或是人際關係，最基本的就是雙方都要自主。

怎麼樣才能說是自主呢？

從以下3個視角來看，如果回答是「YES」的話，那就可以說你是一個自主的人了。

- **身體方面**　現在健康嗎？
- **經濟方面**　經濟獨立了嗎？
- **技術方面**　能做到超過薪水的工作嗎？

身心都保持健康，確實幫上某些人的忙。不需要誰的支援也可以用自己賺的錢好好生活。為了做到這點，「工作」是非常重要的。

把日文的「工作（働く）」拆解就是「人動起來」

這裡的人指的就是「成人」。沒錯，也就是說成為大人的第一步就是「工作」。

即使是同樣的工作，「看法」不同心情也會不同

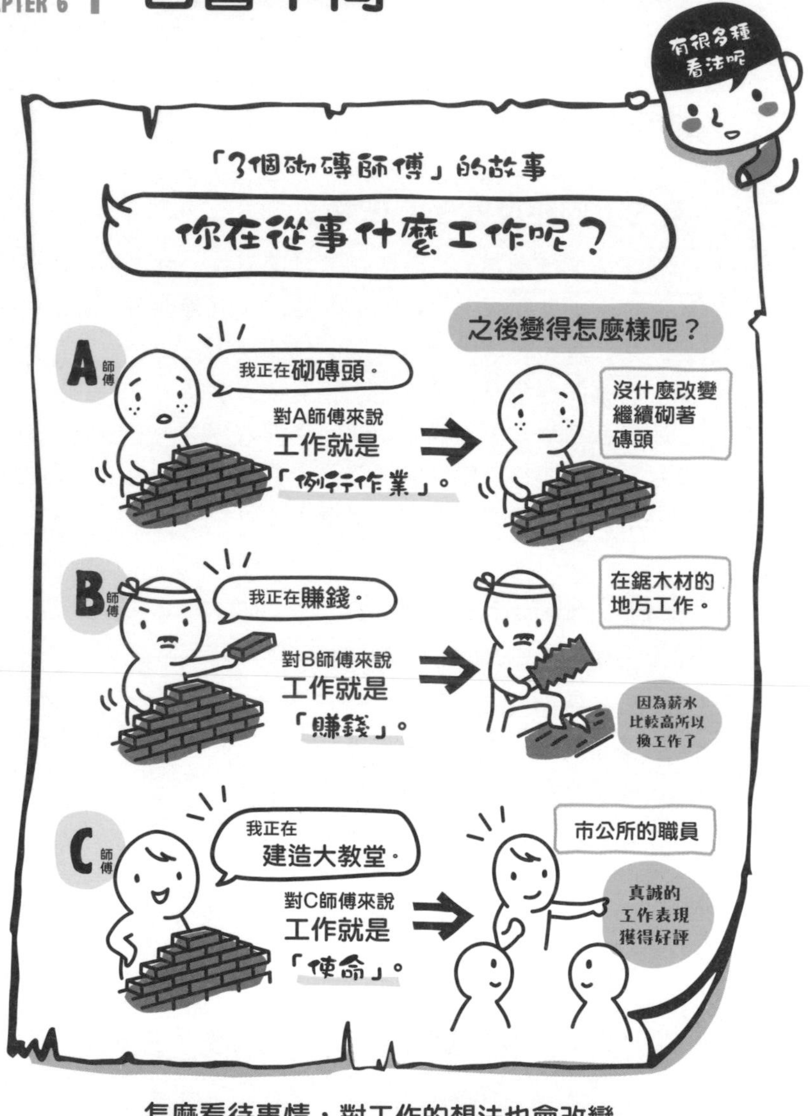

有很多種看法呢

「3個砌磚師傅」的故事

你在從事什麼工作呢？

之後變得怎麼樣呢？

A師傅
我正在砌磚頭。

對A師傅來說
工作就是
「例行作業」。

➡ 沒什麼改變
繼續砌著
磚頭

B師傅
我正在賺錢。

對B師傅來說
工作就是
「賺錢」。

➡ 在鋸木材的
地方工作。

因為薪水
比較高所以
換工作了

C師傅
我正在
建造大教堂。

對C師傅來說
工作就是
「使命」。

➡ 市公所的職員

真誠的
工作表現
獲得好評

怎麼看待事情，對工作的想法也會改變
如果是你的話，你會怎麼回答呢？

「你在從事什麼工作呢？」

在3個砌磚師傅工作的地方，我們試著詢問了這個問題。

A師傅回答：「我正在砌磚頭。」
對他來說，砌磚頭這個工作只是「例行作業」。

B師傅回答：「我正在賺錢。」
對他來說，工作就是「賺錢的作業」。他應該是必須得到金錢來扶養家人。因為有目的，所以就算是單純的作業，也不會覺得像A師傅那麼痛苦。

C師傅回答：「我正在建造大教堂。」
對他來說，砌磚這個對某些人來說只是例行作業的工作，會讓他感受到「使命」，所以他很專心地投入在這個工作中。

即使做的是同樣的事，因為本人看待的方式不同，所以對工作的看法也會像這樣產生非常大的改變。

這3個師傅之後的人生變得如何？

A師傅沒有改變，只是換了別的地方砌磚頭。
B師傅在鋸木場做鋸木頭的工作。因為薪資比較高所以就換工作了。
C師傅因為真誠工作的態度獲得好評，所以得到了市公所的工作。現在被任命了一件很有價值的工作，要為了未來思考該如何發展城市景觀，過著充實的每一天。

如果是你，你會怎麼回答呢？

如果某個人問你「你在從事什麼工作呢？」你會怎麼回答呢？你對現在的工作或是學習，又是抱持著什麼樣的想法在努力的呢？

特典篇章

若不知道工作的目的，工作就會變成「例行作業」

從「被要求工作」到「主動工作」。

以「砌磚師傅」的故事思考看看。

砌磚師傅 A 的情況

我生下來是為了做這種事的嗎…

沒有目的地做著砌磚的「例行作業」只覺得痛苦…

砌磚師傅 C 的情況

我正在建造會成為城市象徵的建築物啊！

在「建造大教堂」的目的下快樂地工作著。

「被要求工作」的狀態

「主動工作」的狀態

哪一邊的人生比較好呢？

一直不快樂地工作著，或是不停地換工作…最後也沒有得到需要的金錢，一直過著無趣的人生。

當然是C師傅！

大教堂建好了。因為對工作的態度獲得好評，所以C師傅進入市公所工作。為自己的生涯和都市發展努力。

該怎麼做才能從「例行作業」中脫離？

必須要有工作的「目的」。

讓我們再次想想看關於工作的目的

雖然有些意外，但是許多人對於「工作」這件事，好像都只有模糊不清的概念，沒有確實的目的。就像是 **HINT74**（P174）的A師傅一樣，不知道目的，只看著眼前的工作，這樣一來就會覺得工作非常痛苦。

「我生來是為了做這種事的嗎……」

或許也有人會像這樣悶悶不樂地煩惱著，或是沒有深入思考就覺得「我不喜歡這種工作」而辭職，不停地轉換工作。

你有學習過關於「工作」這件事嗎？

我們至今為止所受的教育，幾乎沒什麼針對「工作」這件事學習的機會。工作場所也沒有相關的教學課程，所以到成為大人之前，不，就算成為大人了，你還是沒有認真針對「工作」這件事好好思考過對吧？

因此就算你現在無法有一個確實的工作目的，那也是沒辦法的事。

從「被要求工作」到「主動工作」

沒有目的的話，就會持續處於「被要求工作」的狀態裡。所以，你才會覺得工作非常痛苦。

如果能像 **HINT74**（P174）的C師傅那樣，將看法從「被要求工作」改變為「主動工作」，那麼痛苦的工作也就能夠轉變成一件「享受」的事了。

當然，一開始為了自主也沒關係

為了靠自己展開獨立自主的生活，我認為先從賺錢開始也很好。不過，如果持續這樣下去，你不覺得很無聊嗎？如果一直無法從這個狀態脫離的話，你的工作就會變成一直在進行「例行作業」而已。

特典篇章

賺錢不是「目的」，而是「條件」

賺錢＝目的不是嗎？

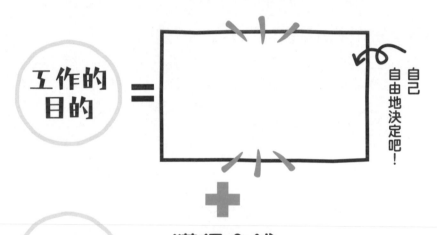

工作的目的　＝　［　］　自己自由地決定吧！

＋

工作的條件　＝　**獲得金錢**（對於自己提供的價值）
　　　　　　＝　**為了生活**

賺錢這件事
是為了生存下去的
「**條件**」。

我工作的目的是？

賺錢並不是「工作的目的」

工作和義工的不同，在於你提供給別人的價值，是否有收受同等價值的金錢。唯有獲得金錢，稱為「工作」的這個行為才成立。

沒有金錢就無法生活也是事實

除非有特殊的狀況，否則沒有金錢的話，你就無法生存下去。將你所提供的價值與金錢等價交換，這樣的經濟行為，是活在這個世界上不可或缺的。

杜拉克這麼說

「對企業來說，提升利益是條件而不是目的。」這是世界知名的經濟學家彼得‧杜拉克所提出的言論。

當然，就像你沒有金錢就無法生活一樣，公司沒有產生利益、金錢沒有流通的話，也會無法繼續生存下去。

但是，利益只是衡量公司穩定性的一個量尺而已。公司存在的意義並不是產生利益，而是提供對社會有所貢獻的價值。彼得‧杜拉克是這麼說的。

賺錢是條件

同樣地，對你這樣的人類來說，賺錢這件事並不是「目的」，單純只是你為了生存下去的「條件」而已。

對「工作」的定義和目的，都是因人而異

因為賺錢是條件，所以「為了○○而工作」的那個○○，也就是對自己而言工作的目的或是定義，只要由你自己自由決定即可。

特典篇章

你是為了讓血液流動才活著嗎？

因為你總是說是為了賺錢才工作的嘛。

OS君，你是為了讓血液流動才活著的嗎？

「讓血液在全身流動」這件事和
「為了金錢而工作」這件事都是

為了生存的條件
＝
必要的事

「為了金錢而工作」和「只是單純地活著」是一樣的。

先暫時把這些放一邊。

為了讓人生閃閃發光，
讓我們考慮未來的事吧。

如果被說「你是為了讓血液流動才活著的嗎？」

你會有什麼感覺？

如果血液沒有在身體裡流動的話你就會死掉。也就是說，血液流動是你活下去的條件之一。

「你是為了讓血液流動才活著的嗎？」這句話，就和「你只是單純活著而已嗎？」是一樣的。被這樣說的話，應該會稍微有點不滿吧。

為了金錢而工作這件事

就是只為了條件而活著而已。

金錢和血液是一樣的。血液流動對人類來說是理所當然的必要條件，只為了必要條件而活，就只是單純活著的狀態。這和為了金錢、為了生活而「工作」，可說是相同的狀態。

（當然，也有把存錢當成目而工作，覺得這樣非常快樂的人，我並不是要否定這種人）

為了讓你自己的人生閃閃發亮……

若是像血液流動那樣，只是為了金錢而工作，要在這種狀態下保持動力、一邊享受一邊持續下去是非常困難的。因為人類有想要被他人認可、想要被認為自己有存在價值的欲望。

要藉由工作讓自己的人生更加閃耀的話，考慮未來的事是非常重要的。

設定工作的目的看看吧

沒有目的的話，就會不知道應該要往哪裡前進才好。為了生存下去，賺錢是必備且理所當然的條件，所以先暫且不提，我建議你可以先試著設定看看屬於你自己的工作目的。

特典篇章

不要否定
變得富有這件事

如何「變得富有」很重要。

錢財上變得富有

我因為做這個工作變得富有！

＝＝

對等價值

藉由工作讓客人開心

心靈上變得富有

對他人有所助益
心靈和錢財上都會變得富有！

金錢是條件而不是目的

學到這裡的你，心裡是不是在想「就算這樣講，金錢還是很重要啊，我想要賺很多錢」呢？

或許你會覺得工作賺錢這件事好像哪裡被否定了，或許會覺得「如果以工作價值或是能否對他人有所助益為優先，那就不能賺很多錢了不是嗎？」而有所不安。

你可以賺更多錢

所謂的條件，是不可或缺的東西。我並不是要否定金錢，反而是持肯定的態度。都努力工作了，還是讓自己能得到更好的條件比較好吧。

「如何」變得富有很重要

如果將金錢當成目的的話，其中也會有欺騙他人來獲取錢財的人。若是要追求效率，或許從其他人那裡敲詐勒索還更快。今後電話詐騙會愈來愈進化；而比起客戶，以利益為優先的公司或人也不會消失。

那麼該怎麼做才好呢？

非常簡單。只要拼命工作，堂堂正正地獲得對等的價值，讓客戶覺得開心，同時也讓自己變得富有就可以了。在工作中和他人建立起連結，感受喜悅與後悔，然後與他人分享、持續成長。重複進行這樣的過程，就是「工作」。

如果能盡全力工作、對他人有所助益，那麼你一定能夠透過工作，讓自己在錢財和心靈上都變得富有。

「我會藉由這份工作變得富有。」
採取能抬頭挺胸、如此斷言的「工作方式」吧。

特典篇章

「義工」和「工作」有什麼不同？

自己喜歡的事，不一定會都變成金錢。

義工		工作
不會獲得	金錢	會獲得
自己	評價者	他人
誰都不會抱怨，做自己喜歡的事而感到滿足	想法	提供對方喜好的東西

謝謝！

和會不會被評價無關，
只要沒有變成金錢，
就是義工。

「義工」和「工作」有什麼不同？

　　義工和工作的不同，就在於是否有收受金錢。如果是義工的話，只要身體不舒服、發生其他更重要的事、沒有什麼幹勁的話，就算偷懶不做也是你的自由。而且也不必考慮效率的問題。因為沒有會支付對等價值的客戶在。

　　而實際在地震受災現場的義工等，那些來幫忙搬除瓦礫等的人如果偷懶的話，也不會有人抱怨什麼。

但工作不行這樣

　　就算一樣是搬除瓦礫的工作，假設是自衛隊或是建設公司派來的人偷懶，那麼應該就會有人抱怨。

　　如果你收受了對等價值的金錢，就必須要負起責任，為對方提供對等的價值。要讓對方感到開心，才能夠獲得金錢。

這點可不能搞錯

　　那就是工作的評價是由他人給予的。就算你覺得自己多麼有價值，要是沒有客戶給予好評、獲得工作上合作的機會，那麼也無法得到你想要的條件（金錢）。

抱持著能讓所有人有同感的「目的」

　　正因為評價的是他人，所以工作的「目的」最好設定成能讓所有人獲得同感的事物。設定別人也會覺得「哇～這樣很好呢」、讓人興奮地想著「想和這個人一起工作」的目的，並且要一直當個這樣的人。

　　當然，重要的是要以「讓自己覺得雀躍不已」為前提。

　　請不要忘了，工作的評價是在產生了對等價值之後，由他人來給予的東西。

特典篇章

總之都要工作，就享受吧！

享受工作的訣竅。

業績
第一名！

好厲害！

工作太開心了！

你很努力呢！

1	2	3
對現在的工作 保持 **興趣**	找出 現在的工作中 **喜歡的部分**	思考 工作的 **目的**
● 是什麼樣的工作？ ● 客戶是什麼樣的人？ ● 做到最好會如何？	● 覺得很開心的事 ● 對自己來說 　可以加分的事	● 做這個工作後 　想成為怎麼樣的人？

讓自己在工作中好好享受吧！！

還有人覺得哪邊不太對勁嗎？

「明明私人時間很快樂，但工作時不管怎麼做都快樂不起來……」一定還是會有很多人這麼想吧。

為什麼會有這種感覺呢？
這是因為付錢的人和收受金錢的人之間的差異。
為了自己喜歡的事情、想要的東西支付金錢並獲得快樂，這種個人的經濟行為，會感到快樂是理所當然的。這跟收受金錢的「工作」從一開始的大前提就不同。

能否維持自己的主體性並享受工作

如果做的是喜歡的事情，那麼「覺得快樂」是當然的。為了讓「工作」這件事感覺起來很快樂，你必須要維持主體性，去享受提供給他人價值並獲得金錢的這個行為——也就是「工作」。換句話說就像我們在 **HINT 71**（P168）所說的那樣，自發地想辦法讓自己「享受」是很重要的。

為了「享受」工作，有以下的訣竅

①對現在的工作保持興趣。
②找出現在的工作中喜歡的部分。
③思考工作的目的。

讓自己在「工作中」好好享受吧

同樣都要度過時間，如果能盡情地享受佔了人生許多時間的「工作」，這樣的人一定會比較幸福吧。你的工作會讓某個人感到快樂，就讓這種快樂也變成自己的快樂，度過人生吧！

特典篇章，還在繼續……
關於「工作」這件事，作者今後也依舊會繼續研究著。請等著之後的續集。

特典篇章

結語

「享受自己的人生吧！」

非常感謝各位讀者閱讀到這裡。

在這本書中，有沒有哪個篇章能夠對於你所煩惱的事情有所幫助呢？

我是在日本全國替企業舉辦研修事業的張替一真。最後請讓我稍微說一些想傳達給大家的話。

我在這本書中，直到最後都沒有讓自己出現，全部都委託給OS君了。我也不是沒有想要出版暢銷書、想要變有名的野心。但是這次我提起勇氣，捨棄了一切這樣的自我。

總之多傳達給一人也好，為了傳達出這本書所寫的事，所以我決定要做出一本「幼稚園小朋友也能懂」的書。我借助了插畫家橫井いづみ和平面設計師古川友武的力量，完成了這本對誰來說都淺顯易懂的書籍。

不太擅長看書的人、連看漫畫都覺得麻煩的人，只要看著這本書中的插圖，我想應該就會覺得「嘗試看看這個吧」、「好像連我也能做到」、「稍微努力一下看看好了」，變得積極一點。

人生不會突然發生什麼「超級幸運」的事。

自己只要像現在這樣，總有一天會發生奇蹟；人生會像做夢一般轉換成閃閃發光的東西，這樣的幸運應該會發生在自己身上吧？只有自己是特別的……如果你這樣想的話就大錯特錯了。

各位知道嗎？每年過年前彩券的中獎機率，比搭飛機時墜

機的機率還要低。期待「超級幸運」的事就和買彩券是一樣的。
像是只想依靠無關乎自己的努力、毫無道理的低機率運氣或是奇
蹟，來度過最重要的人生一樣。

　　本書並不是要你期待著那種幸運的事，無知無覺地過日子，
你不想用自己的雙手，讓眼前自己的人生往更好的方向改變嗎？
　　人生有痛苦的事、難過的事，也有愉悅的事、快樂的事，會
發生許多不同的事。所有發生過的事都能成為使自己成長的糧
食，能夠將自己的「故事」變得更多彩多姿。讓我們有自覺地，
並充分地一邊享受人生，一邊創造出屬於自己的人生故事吧。
　　而為了能做到這些，最重要的就是「不要放棄」。

「不放棄的生存方式」
・擁有愛
・建立羈絆
・磨練出自我風格
・有明確的理想
・和夥伴一起努力
・用生命去做

　　愛是指對自己的愛、對他人的愛。羈絆則是與自己的羈絆，
以及與夥伴的羈絆。請務必好好享受這美好的、「只屬於你自己
的人生」。

2018年12月 張替一真

帶領屬下，要做給他看、說給他聽、讓他嘗試、給予讚美，才能帶動人。互相討論、傾聽對方、承認對方、交付對方，才能培育人。感謝對方的努力，守護他、信賴他，才能交出結果。（Y・K）／不易流行（I・N）／忠誠心（J・M）／勝利的女神藏在細節裡（K・M）／有志者事竟成（S・T）／跨越的障礙越高，心情越爽快（Y・M）／努力必有回報（S・H）／上善若水（I・O）／切磋琢磨（H・I）／不論什麼事，去做就會成功，不做就不會成功（K・A）／賢者從歷史學習，愚者從經驗學習（R・H）／認真面對一件事，一直去做一直去做，做到最後就會成功（T・C）／要去反省，不要去後悔（Y・T）／總會有辦法的（K・T）／在磨練技術之前，先磨練寫字！（I・N）／活在當下（N・F）／危機就是轉機（H・M）／溫柔又充滿力量的（Y・O）／散播「透過創作讓大家更快樂！」的想法（K・I）／與其奸詐狡猾不如做個正直的人（Y・N）／人生之光榮，不在永不言敗，而在能屢仆屢起（J・H）／「功、財、人」的教誨……人要為了成功而拼命。只要成功財富就會隨之而來。可是，獲得成功與財富只是二流，唯有留下人才才是一流！（Y・K）／感動變革（Y・M）／人只有負起責任才能變得自由（Y・I）／積少成多（H・N）／「勝負只是小事，重要的是有沒有盡全力去做」（A・N）／不屈不撓（S・N）／心念花開（Y・T）／Give and take（T・T）／覆水難收（K・M）／人生只有一次（K・K）／沒有人會在散步時登上富士山（T・S）／人會因為別人的笑容而變得幸福（M・N）／溫暖對方的心（M・K）／和顏愛語（E・Y）／為了大家向前一步（Y・H）／重要的不是答案，而是堅持思考的意志（N・S）／不焦急、不懈怠（T・A）／That's outside my boat（T・O）／卡片上的NO是通往新道路的GO信號，但卡片沒有說NO時就不能放棄（M・K）／一所懸命（Y・T）／雀躍興奮的人會開創未來（K・A）／上善如水（H・H）／偶爾發起運動吧（A・K）／『人會因為與知識相遇而產生化學反應』（K・N）／是的，我很開心（Y・H）／『只有我自己知道我想做什麼』（S・M）／「敬天愛人」（K・S）／你的笑容不要有虛假（R・N）／高風險高回報（H・M）／創造一個大家都能笑著過活的世界（Y・S）／站在對方的立場思考（R・M）／不論何事，沒有成果就是那個人不夠努力（D・A）／人生有痛苦的事、有想說的事、有不滿的事、有生氣的事、有想哭的事。忍受這些事是男人的修行。（T・I）／「虛心坦然地重新審視自己」（S・S）／「與其去想適不適合，不如積極面對」（K・O）／所謂的今天，就是剩餘人生的第一天（K・S）／塞翁失馬，焉知非福（M・K）／不要去思考！去感受！（Y・A）／拼命去做自己做得到的事（D・I）／寧可做過了後悔，也不要沒做而後悔（Y・M）／人的力量沒有極限（S・A）／Challenge（S・H）／當你認為自己做得到，就一定能做到（S・K）／沒有東西能勝過努力（K・Y）／只有成為一家之主才能給予賞賜（A・N）／Zone是用來超越的（T・S）／專心致志的想法終會實現（S・S）／跌倒的話，就再站起來（T・S）／不要讓自己將來後悔（I・F）／我就是我（S・M）／同時追兩隻兔子的話，就會出現第三隻兔子（N・K）／Love the life you live. Live

銘

the live you love.（S・M）／托您的福（A・K）／追求豐富的人生吧（T・M）／隱几熟眠開北牖。（M・N）／一生學習，天天向上（S・A）／學會反省，不要後悔（M・M）／**異體同心（M・I）**／諸行無常（T・M）／危機就是轉機（T・M）／魅力會因給予而生，因求回報而滅（Y・T）／人生「趕鴨子上架」就行了（H・M）／只要、只要向前進！（T・S）／**只要動起來就會改變（K・I）／對人溫柔，對自己也溫柔（K・K）**／去做就會成，只要打算去做，沒有辦不到的事（K・N）／不斷挑戰的人生（R・T）／人生最重要的是「怎麼活」（H・O）／要朝前進，一定要在後面放些東西擋住退路（S・S）／從大局著眼，從小處著手（M・M）／（只要持續做下去）總會有辦法（A・H）／士別三日，即更刮目相待（K・U）／玉不琢，不成器（T・O）／slow but steady（T・A）／努力一定會有回報（Y・K）／任何事都真心以待（Y・T）／我是獨一無二的存在（Y・N）／感謝的相反詞是理所當然（S・K）／不要成為齒輪，要成為馬達！（J・T）／就算看似玩樂地努力去跳上車，也是搭上車的人勝利。放棄別人硬是丟給你的難題，會讓一個人成長（K・T）／船到橋頭自然直（M・K）／沒有夢想的人不會成功（D・T）／首先，去做吧（J・I）／自己下足決心吧！就算不能如願以償，一定也會變得比你想得更好（M・K）／屢敗屢戰（R・T）／別人和過去不會改變，但可以改變自己和未來（T・K）／確立自我主軸後，態度會變好，人生也會變好（Y・T）／遇見的每個人都是老師（N・K）／一個事實有無限種解釋（Y・N）／危機就是轉機!!總會有辦法!!（A・H）／神只會給你能夠跨越的試煉，只要努力就會成功!!（K・N）／過去和他人不會改變，能夠改變的只有自己和未來（T・I）／滴水穿石（E・S）／只要讓自己動起來，自己就會改變，人生就會改變（T・K）／專心一意（S・A）／陰德（T・K）／與其互相要求，不如互相給予（N・N）／與其思考不如動起來！困惑的話就做吧！（K・Y）／下樓的手扶梯不能往上爬（T・F）／堅持就會成為力量（T・A）／持續會成為力量（K・S）／常勝思考（H・T）／克己（K・Y）／人生不是尋找自己，而是要創造自己（T・H）／堅持會成為力量（T・W）／「成功奇蹟生還，完成了任務、使命，度過充滿挑戰的人生」大復活、大逆轉（Y・I）／命運沒有偶然，人類在遇到某個命運前，是靠自己去創造機會的（K・W）／一切都會成為你的血肉（M・S）／明天再做的人是笨蛋（K・N）／說到做到（M・K）／No.1 is not necessary only one. Only one is necessary No.1.（S・S）／超級樂觀（O・S）／讓這個無趣的世界變有趣（T・G）／抱持著勇氣、坦率、幽默（S・Y）／百花春至為誰開（K・Z）／**給心靈維生素。（I・Y）**／The First Following（T・F）／所有的原因都在我身上（G・O）／抱持遠大的志向，決定人生要爬的山，開拓未來。（Y・S）／音樂是一種體驗、思想上的智慧。要是你沒有實踐它的話，什麼都不會從樂器中誕生（T・T）／重要的是Now（K・T）／術業有專攻，要有託付他人的勇氣。（O・N）／如果是我！一定能辦得到！（K・S）／行雲流水（C・M）／樂哭（S・H）／唯有喜歡的東西會上手（K・K）／用心祈禱，想法就一走會真現（G・M）

不放棄的夥伴們的座右銘

作者介紹

張替 一真

あきらめない股份公司的董事長。
1984年出生。專門進行以日本全國中小企業為主的研修工作。以「將很難的事情以誰都能理解的方式傳達」、「讓人用自己的腦袋思考」為座右銘，利用燃燒猜拳制度等手法，非常擅長改變公司的氣氛。以「希望能持續帶給周遭的人希望之光與愛情」為自己人生的主軸。公司名稱「あきらめない（不放棄）」的由來，也帶有「希望自己永不放棄」的規戒意義。

繪者：橫井 いづみ

Seven Ranoj 股份公司的董事。設計組的組長。
1981年出生於香川縣。
畢業於京都精華大學設計學科商品企劃傳播學系。

日文版工作人員

企劃：天才工場 吉田浩
編輯：矢本祥子
編輯設計：コピーマック 古川友武

激勵自己的80個小講堂
告別沒有自信、沒有夢想、無法行動的自己

2020年7月1日初版第一刷發行
2022年6月15日初版第二刷發行

作　　者	張替 一真	
插　　圖	橫井 いづみ	
譯　　者	黃嫣容	
編　　輯	邱千容	
美術編輯	竇元玉	
發 行 人	南部裕	
發 行 所	台灣東販股份有限公司	
	＜地址＞台北市南京東路4段130號2F-1	
	＜電話＞(02)2577-8878	
	＜傳真＞(02)2577-8896	
	＜網址＞http://www.tohan.com.tw	
郵撥帳號	1405049-4	
法律顧問	蕭雄淋律師	
總 經 銷	聯合發行股份有限公司	
	＜電話＞(02)2917-8022	

著作權所有，禁止翻印轉載。
購買本書者，如遇缺頁或裝訂錯誤，
請寄回更換（海外地區除外）。
Printed in Taiwan.

國家圖書館出版品預行編目資料

激勵自己的80個小講堂：告別沒有自信、沒有夢想、無法行動的自己 / 張替一真著；橫井いづみ繪；黃嫣容譯.
-- 初版. -- 臺北市：臺灣東販, 2020.07
192面；14.7×21公分
譯自：自分を動かす習慣 80のヒント集。
ISBN 978-986-511-389-6(平裝)

1.自我實現 2.成功法

177.2　　　　　　　　　　109007332

JIBUN WO UGOKASU SHUUKAN 80 NO HINTSHU。
© Kazuma Harigae/ Izumi Yokoi 2019
Originally published in Japan in 2019 by
Pal Publishing Co.
Chinese translation rights arranged through
TOHAN CORPORATION, TOKYO.